UMBANDA
BEM EXPLICADA

Daniel Soares Filho

BEM EXPLICADA

© 2019, Editora Anúbis

Revisão:
Equipe Técnica Anúbis

Projeto gráfico e capa:
Edinei Gonçalves

Imagem de capa:
Miro Souza

Apoio cultural:
Rádio Sensorial FM web
www.sensorialfm.com.br

Dados Internacionais de Catalogação na Publicação (CIP)
Agência Brasileira do ISBN - Bibliotecária Priscila Pena Machado CRB-7/6971

```
S676  Soares Filho, Daniel.
         A umbanda bem explicada / Daniel Soares Filho. — São
      Paulo : Anubis, 2019.
         160 p. ; 23 cm.

         ISBN 978-85-67855-68-4

         1. Umbanda. 2. Religião afro-brasileira. I. Título.

                                                  CDD 299.672
```

São Paulo/SP – República Federativa do Brasil
Printed in Brazil – Impresso no Brasil

Este livro segue as novas regras do Acordo Ortográfico da Língua Portuguesa.

Os direitos de reprodução desta obra pertencem à Editora Anúbis. Portanto, não é permitida a reprodução total ou parcial desta obra, de qualquer forma ou por qualquer meio eletrônico, mecânico, inclusive por meio de processos xerográficos, incluindo ainda o uso da internet, sem a permissão expressa por escrito da Editora (Lei nº 9.610, de 19.2.98).

Distribuição exclusiva
Aquaroli Books
Rua Curupá, 801 – Vila Formosa – São Paulo/SP
CEP 03355-010 – Tel.: (11) 2673-3599
atendimento@aquarolibooks.com.br

Uma luz sobre a minha vida,
Maravilha das maravilhas,
Bateu forte como o tambor
A despertar o meu amor
Na fé que me fez anunciar
Diante de quem quer escutar:
A umbanda foi quem me chamou.

Agradecimentos

Dei voltas em minha cabeça para começar os agradecimentos de uma maneira diferente da já consagrada frase "agradeço a todos que de forma direta ou indireta...", entretanto, não consegui. Sendo assim, não vou fugir ao clássico modo. A única ressalva que faço é que a forma mais verdadeira de agradecer é dedicando esta obra a todos estes que tornaram o "nosso" livro uma realidade.

Agradeço a todos os que colaboraram para que mais este projeto "ganhasse o mundo":

A Deus Pai, por sua Luz, que, guiando meus dias, deu-me a vida.

A todos os Orixás e Entidades de luz com os quais tenho o privilégio de conviver e aprender.

Aos meus familiares mais próximos que acompanharam muitos dos meus dias com a "cara enfiada" no computador.

A meu editor Marcelo (na introdução falarei um pouco mais sobre ele) que, acreditando em minhas condições, apostou no resultado.

Ao irmão João Luiz que nos brindou com uma "apresentação da obra" tão linda.

Aos meus irmãos de fé que, sempre me incentivaram e comigo "trocaram tantas figurinhas" que, certamente, aproveitei muito ao longo do texto.

A todos do meu terreiro, desde nossa Babá até os mais novos frequentadores da Tenda Espírita São Jerônimo.

Em especial, a Wanderley Resende, companheiro e mais próximo depositário das minhas "neuras", que com seus olhos de revisão (pela profissão de professor e umbandista) me ajudou tanto.

Enfim, sem vocês, nada seria possível. Muito obrigado e muito axé.

Sumário

Apresentação da Obra. 13
   Um olhar precioso sobre a umbanda 13
Introdução 15

Primeira parte
Compreendendo a Umbanda

Capítulo 1 – Seu terreiro é de Umbanda, mas a Umbanda não é só o seu terreiro 21
Capítulo 2 – Termos umbandistas. 27
   2.1 A Umbanda. 28
      2.1.1 A palavra Umbanda 29
      2.1.2 "Nasce" a Umbanda 30
   2.2 Pai de Santo 32
   2.3 Médium. 34
   2.4 Espiritismo/Espiritualismo/Umbandas 35
   2.5 Ebó 36
   2.6 Amaci. 37

2.7 As Linhas de Umbandas 38
2.8 Linha e falanges 41
2.9 Orixás – Pai e Mãe de cabeça. 42
2.10 Entidade chefe 45
2.11 Cambono 46

SEGUNDA PARTE
A Umbanda em verso e prosa

Capítulo 1 – Convite 53
   1.1 O pátio de entrada 54
   1.2 A quartinha. 56
Capítulo 2 – O Congá. 61
   2.1 O altar na Umbanda. 62
   2.2 Oxalá é Jesus? 66
Capítulo 3 – O Ogã 69
   3.1 A batida perfeita 70
   3.2 O atabaque na gira. 74
Capítulo 4 – Defumação 77
   4.1 Abrindo a gira 78
   4.2 Os Defumadores. 81
Capítulo 5 – Fio de contas 85
   5.1 Usos do fio de contas 86
   5.2 Signo de poder. 86
   5.3 O espaço mágico. 88
   5.4 As guias na Umbanda. 88
Capítulo 6 – Puxa o ponto 93
   6.1 Ponto cantado 94

Sumário

    6.2 Os tipos de pontos cantados 95
        6.2.1 Quanto à origem dos pontos 95
        6.2.2 No que diz respeito à função 95
    6.3 Salve a Canjira 99
Capítulo 7 – Ponto riscado 103
    7.1 A escrita mágica 104
    7.2 Ponto riscado na Umbanda 105
    7.3 Representações dos símbolos 107
    7.4 Tipo de pontos riscados 109
    7.5 O "lápiz" de calcário 110
        7.5.1 O que é a pemba?. 110
        7.5.2 A lenda 111
Capítulo 8 – Orixás 113
    8.1 Os Orixás são trazidos para a América 114
    8.2 Os orixás na Umbanda 119
    8.3 Saravá os orixás 123
Capítulo 9 – Dia de Gira 127
    9.1 "Ô deixa gira girar" 128
    9.2 A Direita na Umbanda 130
    9.3 Okê, Caboclo 132
        9.3.1 O que é caboclo? 132
        9.3.2 Os caboclos na Umbanda 133
    9.4 Outras Linhas de trabalho 134
        9.4.1 Pretos Velhos 135
        9.4.2 Ibejis 138
        9.4.3 Marinheiros 139
        9.4.4 Ciganos 141
Capítulo 10 – Esquerda 145

10.1 O canhoto e a esquerda: preconceito e
desconhecimento 146
10.2 Os Exus e as Pombogira 148
10.3 Exu Orixá – Exu Entidade. 150
10.4 Saudando a Esquerda. 152
10.5 Sua ferramenta 153
Conclusão 155
Referências 159

Apresentação da Obra

Um olhar precioso sobre a umbanda

A umbanda é uma religião afro-brasileira que permite ao seu adepto encontrar um caminho de realização espiritual ou, dito de forma mais simples e objetiva, para encontrar a Felicidade. Dentro da vida umbandista podemos entender a felicidade como o equilíbrio entre nossa vida pessoal, familiar, profissional e social. Todos esses aspectos como decorrência da nossa maior ou menor harmonia com a ancestralidade divina.

Uma vez que a diversidade está posta, ainda que tenhamos pontos em comum sobre o que seja ser feliz ou estar bem, julgamos como natural existir várias possibilidades para alcançar a realização espiritual. Indo ao encontro dessa abordagem, a umbanda vai se configurando em múltiplas formas de acesso ao sagrado. Aqueles que tem afinidade com a religiosidade umbandista conseguem, dentro da própria religião, encontrar caminhos praticamente infinitos para trilhar.

Portanto, o leitor vai concordar que nenhuma literatura conseguirá dar conta desta maravilhosa e complexa religião chamada umbanda. Se isso for verdade, igualmente honesta é a afirmação que precisamos cada vez mais de acesso à informação sobre ela. As redes sociais, livros e outras mídias contribuem significativamente neste sentido.

Daniel Soares Filho é um umbandista de quatro costados. Médium atuante, professor, escritor, poeta... Consegue expressar em palavras cristalinas sua maneira de viver o sagrado na umbanda.

A sensação de ler o livro do meu confrade Daniel é que você estará numa sala de aula estudando história da umbanda branca, seguirá com ele para um típico boteco carioca falar de macumba, depois um sarau de arte sacra umbandista... Ao final, sentirá uma vontade enorme de fechar o livro e correr para uma gira. É lá, e somente lá, que a umbanda pode ser aprendida de fato, vivenciada na alma.

Enquanto não estamos no terreiro sentindo o cheiro do defumador ou do charuto, vamos à leitura de "A Umbanda bem explicada". Aprecie sem moderação.

E deixa a Gira girar!

João Luiz Carneiro – Mestre *Yabauara*
Sacerdote umbandista
Doutor em Ciências da Religião

Introdução

Certa vez li uma frase do filósofo romano Marco Túlio Cícero (106 a.C./43 a.C.) que dizia: "Quanto maiores são as dificuldades a vencer, maior será a satisfação". Seguramente, a assertiva serviu-me de estímulo para aceitar o desafio proposto pelo amigo e editor Marcelo Aquaroli. Em uma das muitas conversas sobre outras publicações minhas, Marcelo me perguntou se eu estaria disposto a entrar em um projeto para escrever um livro sobre a Umbanda onde os temas estariam vinculados a explicações de termos, usos e costumes das práticas da religião. Logo, em um primeiro momento, minha dúvida era: será que tenho condições? A questão não era desacreditar na minha possibilidade de pesquisa, de escritura ou mesmo transmissão dos conhecimentos que, ao longo da vida, fui angariando sobre a Umbanda. Não! O cerne dos meus questionamentos era entender a dimensão do trabalho e de que maneira poderia dar conta de "percorrer" todos os caminhos de uma religião tão ampla quanto rica em seus modos de culto e influências.

Isto posto, tomei como base as palavras de Cícero e me lancei nesta tarefa. E antes de seguir, acredito ser oportuno trazer alguns alertas sobre a elaboração das páginas que se seguem.

A primeira observação advém da minha decisão (e constatação) de que não serei capaz de abarcar toda a Umbanda. Respeitando todas as "Escolas[1]" umbandistas, minha visão, algumas vezes já expressa em outros textos, é a de que a Umbanda se traduz em muitas "Umbandas". Não podemos limitar uma religião tão plural como a nossa. Uma religião nascida do encontro de tantos encontros, em um histórico de resistências e buscas de legitimidade. Muito antes das divergências que acarretariam em enfraquecimento, nossa tarefa é a de demonstrar o valor de um segmento religioso que tem em suas bases o auxílio aos aflitos e a caridade. Por esta razão, antes de levantarmos as questões das opiniões acirradas, levantemos a "bandeira de Oxalá" e mostremos aos demais que, ainda que tenhamos diferentes formas de expressar a crença, a nossa essência é a mesma.

Tomada essa decisão inicial, os passos seguintes foram a escolha da abordagem dos temas e a forma de apresentação que estão assim dispostos:

Na primeira parte do livro, apresento alguns termos e conceitos de forma direta. Sem a pretensão de querer escrever um dicionário (inclusive não coloquei as palavras em ordem alfabética proposital-

---

[1]. O termo "Escolas" usado por Francisco Rivas Neto (RIVAS NETO, 2013) para designar as diferentes manifestações dos rituais umbandistas parece-nos oportuno para demonstrar que a religião não é única na forma de cultos e que as maiores ou menores influências de suas matrizes formadoras (africana, católica e indígena principalmente) a faz múltipla.

Introdução

mente), o leitor encontrará palavras e/ou expressões que escutamos em terreiros de Umbanda, mas que, muitas vezes, não conhecemos ou (o que é mais sério) entendemos de forma equivocada.

A segunda parte está formada não só pela ampliação de alguns conceitos, apresentando espaços mais detalhados para reflexões relacionadas à religião, como também pelo exercício da escritura através da elaboração de poemas – todos, de igual maneira, respeitando à temática umbandista.

Espero que a mesma alegria que me move a trazer-lhes estas páginas seja aquela que encontre guarida em seus corações.

Lancemo-nos, pois, nesta empreitada que visa a aliar a razão e a emoção que configuram a nossa amada Umbanda.

Muito Força, Luz e Paz – Axé

PRIMEIRA PARTE

Compreendendo a Umbanda

A primeira parte deste livro está estruturada da seguinte forma: O capítulo 1 apresenta uma discussão sobre os "cuidados" de se entender a Umbanda que praticamos e o exercício do respeito às diferentes maneiras que os terreiros têm em desenvolver os preceitos aprendidos.

Ato contínuo, o segundo capítulo traz alguns termos e expressões que, apesar de podermos facilmente reconhecer como ligados às religiões de matrizes de influências africanas (mormente, a Umbanda), ainda carecem de explicações e aclarações.

Em um primeiro momento, tive como objetivo descrever o universo umbandista para as pessoas não vinculadas à religião, entretanto, logo depois, devido a conversas e debates com irmãos de fé, fui levado a crer que esta pesquisa também auxiliará a muitos frequentadores e simpatizantes de terreiros.

CAPÍTULO 1

Seu terreiro é de Umbanda, mas a Umbanda não é só o seu terreiro

Vivemos tempos quase inquisicionais e olhem que, infelizmente, não estamos sendo tão exagerados. As notícias de intolerância correm mundo nos diversos setores da sociedade humana. É muito provável que já ultrapassamos a Era do Conhecimento, da Informação ou mesmo a Digital. A verdade (ou a sensação de verdade que temos) é que tudo debaixo dos períodos pós-modernos nos revelam uma tendência ao individualismo, quando não ao isolamento. Sob uma premissa de resgate das suas nacionalidades, muitas vezes, os valores autóctones (fenômenos impulsionados pelo crescimento das ações terroristas, seguramente) fazem-nos sofrer o confronto das diferenças. E as areias da ampulheta não escoam, correm...

Deixando um pouco de lado a análise mais antropológica genérica, partamos diretamente para as questões vinculadas à religião.

As mídias têm divulgado inúmeros casos de confrontos e falta de condescendência dos diversos segmentos religiosos existentes. As acaloradas discussões buscam resguardar o lugar de respeito de cada setor e a política de criminalização dos atos ofensivos ou de vandalismos tenta ser a forma legal da manutenção de uma convivência harmônica entre os diferentes pensamentos. Sem sermos arautos das más notícias, todas essas condutas têm sido ainda pequenas e pouco efetivas.

Em suma, os embates religiosos (sejam intelectuais ou, o que é mais grave, os físicos) desgastam as relações e aumentam a sensação de impotência diante do poder estabelecido (resgatamos aqui a ideia do começo do capítulo sobre os tribunais eclesiásticos do século XVIII).

Se por um lado as guerras inter-religiosas são episódios comprovados nos quatro cantos do planeta, não podemos deixar que cresçam conflitos que são muito mais perigosos, ou seja, os que ocorrem dentro da própria religião.

Mas será possível que uma religião que já sofre tanta incompreensão e preconceito por parte de outras instituições tenha espaço para lutas internas? E mais: Como uma religião com um histórico de perseguições e busca de alternativas para permanência, apesar do aplacamento e impedimento das camadas sociais mais abastadas, deixa-se contaminar por discursos tensos e críticas de seus próprios seguidores?

Delicadas as respostas e não tão simples assim.

Isentos da emoção de querer somar a nossa voz a dos que voluntária ou involuntariamente comparam as diferenças com um objetivo de julgar ou reprovar, o fato é que existem alguns

Seu terreiro é de Umbanda, mas a Umbanda não é só o seu terreiro

posicionamentos de Casas e/ou adeptos umbandistas que beiram ao radicalismo. Não estamos revelando nenhum segredo absurdo ou cruel. Antes assim o fosse, pois bastaria dizer que o autor deste livro está fantasiando muito! Entretanto, como dizem os mais jovens: "Só que não"!

Facilmente, todo nosso discurso anterior pode ser comprovado bastando um "passeio" pelas redes sociais para ratificar o alerta. Antes mesmo de prosseguir na leitura, faço-lhes um convite: acessem algum grupo umbandista de sua rede social e veja alguns *posts* com perguntas ou dúvidas e leiam as respostas. Verão o quão sério é o momento em que nos encontramos.

Permito-me dar-lhes um exemplo (sem citar nomes) que nos auxiliará na compreensão do que estamos falando. Outro dia, um irmão de fé lançou uma pergunta em um grupo falando sobre uma prática que ele presenciou em um terreiro de Umbanda. Na postagem, havia uma pergunta, mais ou menos, como "o que vocês acham sobre isso?". Sem querer parecer exagero, havia, pelo menos, uns quarenta comentários. Até aqui, nada demais. O problema estava (e me dediquei um tempo a ler) nas críticas severas (e muitas vezes grosseiras) sobre o que fora apresentado.

Concordo que há muitos lugares onde os fundamentos, a bagagem histórica, o lastro da ancestralidade, andam "meio capengas". Sem querer apontar culpados, muito provavelmente, colaboram com isto a facilidade de acesso e a proliferação das informações via internet. Tais fenômenos fazem com que vejamos surgir, sem muitos critérios, um número de Casas que se dizem Umbandistas, de "Sacerdotes" formados em tempo recorde (sem o tempo do pé no chão), de comercialização da fé, etc. E olhem que nem estou me referindo aos "terreiros de postes" que prometem trazer a pessoa amada em três dias (sobre estes abomináveis negócios, nem quero perder tempo).

Desde muito cedo, aprendi que a religião se aprende no cotidiano (e este leva tempo). Assumir a responsabilidade sobre a vida de outras pessoas e a autoridade sobre a conexão entre os planos é algo bastante sério e grave (vide nossos comentários quando falaremos sobre "Pai de Santo").

Mas, esqueçamos esses entraves reais para voltarmos à ideia que estamos querendo apresentar de que dentro dos nossos próprios núcleos encontramos intolerância, arrogância e prepotência. Retomemos os comentários da pergunta da rede social. Vi tanta crítica ao que estava sendo perguntado, tantos absurdos de falta de fraternidade que me deparei com algumas dúvidas de modo que não tive outra coisa a fazer a não ser me perguntar: Se não nos respeitamos, como poderemos exigir respeito? Quem de nós pode afirmar que só há uma única forma de se praticar a Umbanda? Quem dita a regra de como deve ser? O que faremos com o histórico das religiões que têm influência africana e que tinham que driblar os "senhores brancos" porque a religião de negros era de magia negra? O que fazer em uma prática sincrética que está espalhada pelas diferentes regiões de um país continental?

Irmãos, peço-lhes que, não só ao lerem este livro, usem dos seus sentidos mais belos da caridade e da tolerância antes de lançar (por lançar) uma flecha em direção àquilo que difere do que vocês conhecem.

Precisamos, sim, de alguns ajustes que possam impedir uma proliferação desenfreada de alguns que "dizem" estar praticando umbanda (e se aproveitam do estado fragilizado dos que acorrem a uma casa espiritualista). Mas, antes que isto aconteça, precisamos, urgentemente, entender as diferenças, respeitá-las e aprendermos a conviver.

Encerro meu primeiro momento de reflexão resgatando o título com o qual abri o capítulo: Lembremo-nos de que cada um de nós, em nossos terreiros, estamos praticando a Umbanda, mas não devemos nos esquecer de que a grandiosidade desta religião não está contida somente nos nossos terreiros.

Creio, com fé em Oxalá, que após estas primeiras páginas, estamos aptos a seguir na nossa empreitada de discussões e elucidações dos temas posteriores.

Fé, Força e Foco.

Saravá Umbanda, Saravá

CAPÍTULO 2

Termos umbandistas

A Umbanda é plural e por isso mesmo, não podemos "fechá-la" em um único discurso (livro, conceito ou fundamento). Viemos de múltiplas raízes, temos diversas histórias e nos sustentamos a partir delas.

Esta é a razão pela qual minhas primeiras palavras são de alerta aos leitores sobre o que aqui encontrarão. Não pretendo modificar ou desdizer qualquer Casa ou outros ensinamentos passados por antecessores. Mas, ao tomarmos em mãos um livro com temas específicos como o que ora lhes apresento, acredito que algumas definições e esclarecimentos sejam necessários.

Ouvimos, muitas vezes, palavras, expressões ou ideias relacionadas à religião de Umbanda e, por desconhecermos seus significados, acabamos por não entender (ou o que é mais sério, interpretar de forma equivocada) o universo umbandista.

Mais uma vez gostaria de ressaltar: não esgotaremos – e muito menos, encarceraremos – os tópicos desenvolvidos a seguir.

O objetivo é servir de farol e minimizar a falta de informações que simpatizantes e novos frequentadores de casas espiritualistas possam ter.

Assim sendo, tratarei de alguns assuntos atinentes à Umbanda e pretendo explorar seus significados no sentido mais amplo possível. Que o texto sirva de estímulo para que cada um possa buscar – sempre em fontes confiáveis – os temas relacionados às práticas e vivências dos terreiros.

Lembremo-nos: não há uma só verdade, inclusive porque sabemos que o próprio conceito de verdade é tão fluido e impreciso, como discutem os sociólogos, filósofos ou antropólogos.

2.1 A Umbanda

Em outros textos nossos, sempre alertamos sobre os cuidados que devemos ter com relação à palavra Umbanda (em seus sentidos histórico, filosófico, etimológico e tantas outras vertentes das ciências que possamos enfocar). Sem querer entrar em contendas ou abrir espaços para dissensões, dois aspectos devem figurar neste apartado sobre a Umbanda: o primeiro sobre as possíveis origens da palavra e, em um outro enfoque, a sua gênese.

Muitos são os motivos que nos levam às polêmicas a respeito da definição da Umbanda. Podemos caracterizá-la a partir da descrição de diversos elementos que são percebidos nos diferentes terreiros. Podemos apresentar alguns procedimentos que são recorrentes nas diversas formas de praticar a religião. Mas, "encerrar" a Umbanda em uma só forma é temeroso e foge à realidade.

As explicações são variadas: carecemos, por exemplo, de um Livro Sagrado que nos "normatize"; somos uma religião de muita tradição oral; tivemos (e temos) um histórico de perseguição e resistência; vivemos (pretérito e presente) o "pré-conceito"; e tantas outras justificativas.

O fato é que não conseguiremos uma concordância sobre a Umbanda. Sendo assim, o que pretendo é mostrar algumas abordagens que nos permitirão falar sobre o que é a nossa religião quando nos perguntarem.

2.1.1 A palavra Umbanda

Há diferentes vertentes que respondem ao significado do vocábulo UMBANDA.

Uma relaciona a palavra ao continente africano como podemos verificar em alguns autores abalizados que também estudaram a questão.

Barbosa Júnior afirma que "em linhas gerais, etimologicamente, Umbanda é vocábulo que decorre do Umbundo e do Quiumbo, línguas africanas, com o significado de 'arte de curandeiro', 'ciência médica', 'medicina'." (BARBOSA JÚNIOR, 2016, p. 31)

Ratifica esta questão o Sacerdote Umbandista Diamantino Trindade ao afirmar que "ela é originária da língua Kimbundo, encontrada em muitos dialetos bantos, falados na Angola, no Congo e em Guiné" (TRINDADE, 2017, p. 28)

Ainda sobre o tema, Alexandre Cumino dedica um capítulo em seu livro *História da Umbanda* para apresentar as questões diversas que envolvem a origem da palavra. Diz o autor que "preexistente à religião de Umbanda, a palavra Umbanda, na língua quimbundo, falada em Angola, define a prática de um xamã ou sacerdote de Kimbanda." (CUMINO, 2015, p. 91).

Outro significado que se atrela ao vocábulo, ultrapassando as questões de uso da língua, concede uma interpretação mais mística ao revelar que deriva de AUM-BHANDA, "em Sânscrito, ou seja, o limite do ilimitado" (TRINDADE, 2009, p. 52).

Seja qual for o aspecto pelo qual buscamos entender o que significa UMBANDA, o fato é que subjaz na palavra a essência divina que permeia a religião; qual seja: a caridade, a ligação com o mundo espiritual e a evolução de seus adeptos.

2.1.2 "Nasce" a Umbanda

Assim como vimos algumas possíveis interpretações sobre a etimologia da palavra Umbanda, da mesma forma, temos um número grande de discussões sobre a gênese da religião. Novamente, afirmo que não é o meu objetivo insuflar discórdias ou apresentar críticas sobre qualquer tema. O livro pretende trazer as informações existentes sobre a Umbanda para que cada leitor tenha material suficiente para buscar as suas "verdades".

Desde as noites nas senzalas, impedidos de cultuarem seus deuses, os escravos, nas Américas, buscaram modos de resistir ao cerceamento de suas crenças. Uniram-se diferentes nações africanas, com diferentes cultos e mitos. Para se manterem firmes na fé, aliaram-se nas suas diferenças.

Termos umbandistas

Ao longo dos anos (de forma mais imediata ainda no calor da chibata) e séculos posteriores (com a Lei da "liberdade" assinada), novas formas de reverenciar os deuses foram surgindo. Em uma visão mais histórica, esta é a cronologia das religiões que possuem influência das raízes africanas. Algumas tiveram seus começos, ainda que de forma rudimentar, nos tempos do cativeiro. Umas, logo após a "áurea" lei. Outras ainda, já em pleno século XX.

Sobre a Umbanda, especificamente, em que pesem as discussões sobre quando verdadeiramente surgiu a religião (e sabemos que existem algumas versões para isto), uma das histórias mais difundidas nos dias de hoje nos remete ao começo do século XX, no Estado do Rio de Janeiro, com o episódio da incorporação do Caboclo das Sete Encruzilhadas em seu médium Zélio Fernandino de Moraes, no dia 15 de novembro de 1908, na Federação Espírita em Niterói.

Ainda que alguns pesquisadores tentem buscar outros momentos para afirmarem que a Umbanda já existia, não podemos negar que aquele dia de 1908 tem um forte conteúdo de respeitabilidade por dar à religião um caráter de fundação. Afinal de contas, a Lei federal n. 12.644, de 16 de maio de 2015, institui que, a partir daquele momento, 15 de novembro passaria a ser considerado o dia nacional da Umbanda.

Temos, em algumas pesquisas, registros que mostram que já no século XIX, antes do advento do Caboclo das Sete Encruzilhadas, entidades espirituais como negros e indígenas se apresentavam em algumas sessões mediúnicas. Havia também, principalmente no Rio de Janeiro, uma espécie de culto, muito ligado às questões africanas, chamado de "macumba", que possuía rituais e manifestações que ainda percebemos em práticas umbandistas nos dias de hoje.

Mas se as práticas religiosas que possuem influência das matrizes africanas sofreram (e sofrem) perseguições e preconceitos, a busca de legitimar a Umbanda fez com que a história do médium Zélio fosse aceita para que pudesse ser vista e respeitada como uma religião. Assim sendo, dar uma "data de nascimento" à Umbanda passou, muito, pelos critérios dessa legitimação.

2.2 Pai de Santo

Usarei esta expressão no masculino simplesmente para agilizar a leitura. Mas sabemos que um terreiro não é dirigido somente por homens. Então, ao usarmos o gênero masculino, entendamos sempre como possível estarmos tratando de homens ou mulheres. (Pais e Mães de Santo).

A primeira observação que faço diz respeito ao próprio significado literal da expressão. Os dirigentes de uma Casa não são os "pais" dos santos (dos Orixás). Talvez pudéssemos entender a relação como "Pai (ou Mãe) nas questões ligadas aos Santos".

Estas pessoas são, sim, consideradas as responsáveis pelos ensinamentos a serem dados aos médiuns do terreiro e desempenham esse papel de conduzir aqueles que estão sob sua guarda nos temas relacionados à religião. Os médiuns, em uma hierarquização, estão aos cuidados de um responsável mais abalizado. Esta relação assemelha-se a de pais e filhos. Daí surgir a expressão Pai de Santo e Filho de Santo.

Há outras referências com relação a este cargo. Dependendo da Casa, podemos também reconhecer nomes como: Zelador(a), Sacerdote, Babalaorixá (ou Ialorixá, no caso de ser uma mulher) e, inclusive, Padrinho.

Em um apanhado geral sobre essas nomenclaturas podemos ver que:

- Zelador é aquele que "cuida" de todas as coisas relacionadas às questões espirituais. Sua missão de zelar pelos filhos da Casa, bem como pelo bom funcionamento de toda a rotina (rituais, iniciações, sessões, etc.) lhe confere o título.
- Sacerdote: aquele que recebeu as ordens sacerdotais e que ministra os sacramentos da religião.
- Babalorixá e Ialorixá: estes termos estão mais relacionados às religiões de matrizes africana e significam: Baba (pai) + orixá e Iyá (mãe) + orixá.

  Sem querer entrar em contendas, existem alguns autores que afirmam que nem todo sacerdote de religiões que possuem influência africana pode ser chamado de Babalorixá ou Ialorixá por não ter cumprido todos os passos iniciáticos (obrigações) requeridos para o cargo. Relacionando os termos mais aos chefes dos Cultos de Nação. Não entraremos no mérito desta questão.
- Padrinho: em algumas ordens religiosas, o dirigente também é reconhecido como padrinho. Esta referência, em uma análise mais mística, significa que os "pais" são os orixás que delegam a um homem a tarefa e a responsabilidade de ajudar na "educação espiritual" do filho.

> Cabe uma observação que, ao longo de todo o texto, farei questão de enfatizar. Mais do que um cargo, Pai de Santo é uma missão que não poderá ser desempenhada por pessoas que não tragam esta marca em sua vida (no sentido maior). Longe de status ou prestígio, Pai de Santo é a responsabilidade de conduzir vidas.
>
> Infelizmente (o advérbio fica a meu cargo), vemos uma proliferação de cursos de sacerdócio que desrespeitam princípios básicos como o tempo de "pé no chão" e de vivência da religião.
>
> Em hipótese alguma, estamos negando os desígnios da espiritualidade. Quando um devoto é consagrado pelos Orixás, guias e mentores como um sacerdote. Sabemos que existem aqueles que nascem para cumprir a tarefa. Entretanto, sabemos, também, que assumir a responsabilidade de estar à frente de uma Casa e desenvolver trabalhos espirituais é algo muito sério e só quem já passou por experiências diversas é capaz de entender.
>
> Em síntese: Todos podem querer, mas nem todos podem ser.

2.3 Médium

Este substantivo, advindo diretamente do latim, por si só já nos situa com relação ao seu significado ligado às questões espirituais: "o meio", ou seja, as pessoas que funcionam como intermediárias entre o plano material e o plano espiritual.

Em um leque de outras opções de classificação, o médium é o sensitivo (pessoa dotada de um grau de sensibilidade) capaz de perceber os diferentes "mundos" existentes.

Costuma-se dizer que todo ser humano é sensitivo por sua natureza divinal. A diferença (sem querer entrar nos meandros das explicações) é que alguns trazem uma maior capacidade de sentir que outras. Não quero discutir os tópicos dos resgates cármicos que alguns irmãos apresentam como forma de justificar a mediunidade mais aflorada ou não. Meu objetivo é tão somente definir alguns termos ligados à Umbanda e um deles é o médium.

Quando uma pessoa passa a fazer parte do corpo mediúnico de um terreiro, ela passa a ser chamada de "filha/o de santo" e tem seus papéis a serem desempenhados na Casa definidos pelos dirigentes (os espirituais – as entidades-chefes e os carnais – Pai ou Mãe de Santo). Além desta nomenclatura, os médiuns, quando sensitivos de incorporação, são conhecidos como "**cavalos**" ou "**aparelhos**" (aqueles que "emprestam" seus corpos para as entidades se manifestarem).

2.4 Espiritismo/Espiritualismo/ Umbandas

Não raro é ouvir irmãos umbandistas se intitulando espíritas. Antes de que surja qualquer polêmica, "ser espírita" não é demérito algum. Ao contrário, a doutrina espírita, codificada, principalmente, pelo francês Allan Kardec (Hippolyte Léon Denizard Rivail, 1804-1869) é um dos pilares da Umbanda, mas, os ensinamentos e os estudos do espiritismo não são únicos em nossa religião.

Digamos que todo espírita é espiritualista (uma doutrina filosófica que admite a existência do ser divino, das leis espirituais, da alma, etc.), mas nem todo espiritualista é espírita (no sentido da doutrina kardecista).

Assim sendo, os candomblecistas, os umbandistas, os "Hare Krishnas", e outras denominações religiosas também são espiritualistas como são os espíritas.

> Acredito, reconhecendo a possibilidade de variações e pequenas "filigranas" de definição, nós precisamos começar a dizer que somos umbandistas quando nos perguntarem sobre qual é a nossa religião.

2.5 Ebó

Muito provavelmente pelo preconceito formado pelos que desconhecem as religiões de matrizes africanas, algumas palavras e expressões assumiram no sentido popular de uso uma conotação pejorativa. Em um capítulo mais adiante falaremos sobre Exus e Pombogiras que, certamente, são os campeões de má interpretação de significado.

Aqui, abordarei o significado de ebó, por considerar também um vocábulo que ganhou "má fama". Quem já ouviu a frase: "Despacha esse ebó" quando queria dizer "livre-se de alguém ou de alguma coisa ruim"?

Mas seria o "ebó" uma coisa ruim?

Devemos partir sempre de seu significado etimológico para entender o termo. Ebó é uma palavra de origem iorubana (vem de "egbo", raiz). As razões que levaram as pessoas a tão somente associar ebó a coisa desagradável está no fato de que, em muitos rituais, oferendas são feitas (inclusive as que fazem sacrifícios de animais) com o objetivo de livrar uma casa ou uma pessoa de energias negativas. Uma das funções de se fazer um ebó é que tal oferenda capte o mal do ambiente ou instaurado na aura de alguém e assim seja levado para longe (para que transforme aquilo que não é bom em uma energia mais positiva).

Mas, ebó é mais do que ser capturador de energia maléfica. Ebó, grosso modo, é oferenda que tem por objetivo melhorar campos vibratórios, realizar limpezas.

Ampliando a questão, oferta-se algo também com o intuito de demonstrar respeito, gratidão e admiração. Não se oferecem ao Orixás somente comidas (ou animais), toda e qualquer oferenda, como flores, pensamentos, etc. funcionam como "ebó".

2.6 Amaci

Como muitos temas relacionados à Umbanda, o significado e as formas de uso do amaci apresentam variações. Sem querer entrar nos detalhes dessas diferenças, passemos à representação mais abrangente da palavra.

Podemos dizer que o ritual do amaci é um dos sacramentos da religião. E como tal, é realizado para aqueles que ingressam na corrente mediúnica de uma Casa e passam por diversas fases da sua iniciação.

O amaci é um preparado de ervas maceradas e colocadas em água (pura). Dependendo do objetivo, haverá uma variação e quantidade de plantas envolvidas.

Costuma-se dizer que o amaci tem por finalidade lavar a cabeça (a coroa) do médium para que possa estar purificado e assim melhorar a conexão entre o plano divino e a pessoa para o serviço espiritual.

2.7 As Linhas de Umbandas

Este é outro assunto delicado para ser abordado pelos mesmos motivos até aqui mencionados. Há uma variedade de interpretações que dependerão sempre da compreensão que se tem sobre o que é Umbanda. Em outras palavras, utilizando um termo que gosto muito de me referir às diferentes práticas da religião, tudo dependerá da "Escola" que se tem por base.

Alguns pontos que podemos apresentar como elo comum nas diferentes concepções sobre as Linhas de Umbanda é que elas são 7 e representam cada uma das emanações do Grande Criador do Universo. Também é consenso que os Orixás e entidades cultuados na religião "ocupam" lugar nas linhas.

Agora, quais são as Linhas e "quem" se encontra em cada uma merece um estudo mais amplo. Aqui, gostaria de apresentar somente as que são mais referenciadas de modo geral.

A primeira definição que temos é a de Leal de Souza publicada em seu livro "*O Espiritismo, a Magia e as Sete Linhas de Umbanda*", de 1933.

Termos umbandistas

1. Oxalá
2. Ogum
3. Euxoce (Oxóssi)
4. Xangô
5. Nha-San (Iansã)
6. Amanjar (Iemanjá)
7. de Santo (também chamada de Linha das Almas).

Outra classificação é a que encontramos na publicação de W. W. da Matta e Silva, em 1956, em seu livro "A Umbanda de todos nós".

1. Linha De Oxalá (Ou Orixalá)
2. Linha De Yemanjá
3. Linha De Xangô
4. Linha De Ogum
5. Linha De Oxóssi
6. Linha De Yori (Ibeiji)
7. Linha De Yorimá (Almas)

Uma interpretação que tem ganhado espaço nos estudos umbandistas de hoje em dia encontra-se na definição da Umbanda Sagrada do sacerdote Rubens Saraceni.

1. Linha, Sentido da Fé e Elemento Cristalino: Oxalá e Logunan (Oyá-tempo)
2. Linha, Sentido do Amor e Elemento Mineral: Oxum e Oxumaré

3. Linha, Sentido do Conhecimento e Elemento Vegetal: Oxóssi e Obá
4. Linha, Sentido da Justiça e Elemento Fogo: Xangô e Iansã
5. Linha, Sentido da Lei e Elemento Ar: Ogum e Egunitá
6. Linha, Sentido da Evolução e Elemento Terra: Obaluayê e Nanã
7. Linha, Sentido da Geração e Elemento Água: Yemanjá e Omulu

> Como o propósito do livro é dar informações e colaborar para que as pessoas, entendendo um pouco mais sobre a religião de Umbanda, possam ser multiplicadoras das noções mais fundamentadas e coerentes, não posso terminar este comentário sobre a expressão "Sete Linhas de Umbanda" sem dizer que, além das três apresentadas, existem outras com pequenas variações destas acima, bem como algumas interpretações que guardam menos relação com as que vimos. O importante é ter a compreensão de que há um tema de base na organização da religião a partir das Sete Linhas, e caberá a cada Casa ter a sua especificação (com fundamentos, explicações, exemplos, nomenclatura, etc.).
>
> Ao começar a frequentar um terreiro, se for de seu interesse para ampliar o seu conhecimento, pergunte ao dirigente sobre o que são as Sete Linhas, como se compõem, etc.

2.8 Linha e falanges

Não pretendo ser absoluto uma vez mais. Como sempre afirmo, a pluralidade das formas de praticar Umbanda faz com que possam ser reconhecidas diferenças nos conceitos. De qualquer forma, apresento uma definição destes dois termos para que se tenha uma noção de seus significados, sem querer "prendê-los" em uma única verdade.

Quando falamos LINHA, devemos separar em dois conceitos distintos: o primeiro relacionado ao apartado acima: as Sete Linhas da Umbanda.

Além desta definição, ouvimos também a expressão LINHAS DE TRABALHO, que são os nomes mais gerais das entidades de Umbanda que "baixam" nos terreiros. São as linhas dos caboclos, dos pretos velhos, das crianças, dos baianos, dos boiadeiros, etc.

Em resumo, devemos estar atentos para saber se a referência é sobre as "Linhas de Umbanda" (aquelas que estão a cargo das faixas vibracionais dos Orixás) ou "Linhas de trabalho" (tipos de entidades que trabalham no terreiro).

Já quando nos referimos às FALANGES devemos entender que são grupos dentro das linhas de trabalho que têm características que os aproximam.

Para que fique mais caro, vejamos alguns exemplos:

Na Linha dos Caboclos temos a falange do Caboclo Pena Branca; na linha dos pretos velhos apresentam-se os de Pai Joaquim; na Linha dos Exus, temos os Trancas Ruas, e assim por diante, diversos nomes que podem denotar as qualidades do trabalho das entidades, como podem também apresentar as possíveis ligações com a força de determinados Orixás. É o caso, por citar mais um exemplo, o Caboclo de Ogum Sete Flechas.

Antes que me perguntem "Mas há entidades que tem nomes 'maiores' que estes. Como explicar isto?"

Para responder à pergunta, tomemos como referência o exemplo da entidade que se apresenta como "Pai Benedito do Cruzeiro das Almas".

Podemos identificar o seguinte: trata-se de um espírito da Linha dos Pretos Velhos, que responde pela falange de nome Pai Benedito. Entretanto, esta entidade se apresenta com algumas características mais detalhadas. Mostra-nos que seu ponto de força se encontra em um local mais específico: o cruzeiro das almas (que normalmente está nos cemitérios e é uma das áreas de domínio e força de Obaluayê).

2.9 Orixás – Pai e Mãe de cabeça

É muito comum ouvirmos de pessoas que começam a se interessar pela religião de Umbanda a pergunta: "Quem é o meu Pai e minha Mãe de Cabeça?"

Pois bem, se venho falando que os assuntos atinentes a nossa religião são delicados, este talvez seja no superlativo – delicadíssimo!

E por quais motivos? Tentarei responder.

Por mais repetitiva que seja a frase, não me furtarei a dizer: Tudo dependerá da Casa onde você está, de quais os princípios que a fundamentam e jamais deixe de perguntar ao dirigente espiritual do terreiro.

Há algumas visões bastante diferentes com relação a esse tema. Buscarei, na medida do possível, e de meus conhecimentos e estudos, é claro, apresentar o leque de possibilidades que poderão encontrar nos diversos segmentos da Umbanda (consciente, inclusive, de que posso deixar de enfocar algum).

> Antes de querer saber quem são os "pais de cabeça", o mais importante é entender para que se quer saber? O que esta informação lhe traz na condução dos seus dias? O que fará com esta informação?

A sacralidade da Umbanda e a seriedade dos ritos e práticas nos fazem refletir antes de mais nada com respeito às "coisas de santo". Se a pessoa é só movida pela curiosidade, ou mesmo, nem sabe direito por que quer saber, ela deverá ter muito cuidado ao ir buscar tais informações.

Já vimos o absurdo (desculpem-me afirmar "o absurdo") de se revelarem Pais e Mães Orixás simplesmente pela busca de programas de computador que conjugam dia e mês do ano em que a pessoa nasceu. Outras tantas aberrações pelas vias da internet e da propagação enganosa de uma Umbanda que de Umbanda não tem nada!

E o mais sério: Esses arriscadores da informação de paternidade são capazes de perguntar em cinco lugares diferentes e encontrarem cinco respostas não coincidentes.

Ainda assim, supondo que não estamos tratando com curiosos da espiritualidade, devemos entender algumas dinâmicas que mudam de "escola" para "escola".

Atualmente, vemos difundido o conceito de "**Orixá de Frente**" e "**Orixá Adjuntó**"[2] da seguinte maneira: O médium quando encarna traz consigo uma proteção (a força e a vibração) de um Orixá que lhe acompanhará por todo o tempo daquela vida. O seu Orixá de frente. E trará também um outro Orixá que será o seu par (o Adjuntó).

Pois bem, sem ser uma regra fixa, os homens apresentam um Orixá masculino como "de Frente" e um feminino como "Adjuntó", enquanto o contrário se dá no caso de estarmos falando de uma mulher.

Mas, reitero que em se tratando de temas sobre a Umbanda, nada pode ser taxativo e dependerá da tradição de cada Casa.

Em outras realidades umbandistas, costuma-se dizer que o filho de Santo tem consigo (em sua cabeça, em seu "ori") um Pai e uma Mãe Orixás. E que alguns desses sensitivos podem (notem: "podem", não é obrigatório) trazer também outro orixá como força vibratória de regência. Algo como se fosse o "terceiro" Orixá. Nessas Casas, eles são chamados de "Juntó".

Respondendo à pergunta dos curiosos – como saber quem é o Pai e a Mãe – há diferentes formas. Existem lugares onde o jogo de búzios apresenta a resposta, em outros são utilizados outros oráculos, como o "obi" (um fruto que se usa como consulta oracular). Há a possibilidade também de o dirigente espiritual da Casa,

---

2. Ao que tudo indica, a palavra Adjuntó (alguns lugares chamam somente de Juntó) pode ser derivada do vocábulo "Adjunto" ("junto a") e, por uma questão de oralidade, passou, como uma "corruptela" linguística, a se dizer "Adjuntó". Entretanto, há os que sustentam que seu significado pode estar relacionado à palavra yorubana 'jùmó' que também significa "junto".

pela percepção mediúnica, "ver" e está autorizado a falar. Temos ainda outra possibilidade de revelação, qual seja a da manifestação direta das entidades "incorporantes" que falam através do próprio médium quais são as forças vibratórias que o regem.

> De tudo isto que falei aqui, o mais relevante é – e sempre será – saber que todos os Orixás são Forças do Deus Criador e estão em nós. Somos filhos de todos os Orixás, uma vez que cada um deles carrega um atributo divino desse Deus Absoluto, ainda que tenha sido reservada a tarefa a dois deles (em alguns casos a três) de nos guiarem nos caminhos do mundo.

2.10 Entidade chefe

A adjetivação de uma entidade como chefe não pode deixar parecer que haja uma importância maior entre os espíritos de luz que trabalham com os médiuns. A questão é mais simples do que se pensa. Vejamos:

Acredita-se que todo ser humano é feito de matéria e também de outros corpos mais sutis do que o físico. Neste viés, cremos que o mundo espiritual acompanha cada vivente na Terra em sua jornada. São espíritos que não encarnaram (pelos mais diferentes motivos), mas que acompanham a cada homem. Assim, os espiritualistas confiamos em que temos junto conosco uma gama de "amigos" que os olhos não veem. E quando nos dedicamos ao serviço mediúnico na Umbanda, a relação com essas entidades tende a se estreitar. Os médiuns incorporantes começam a aprender a "trabalhar" com as entidades que se apresentam. Já falaremos sobre muitas delas em capítulos seguintes.

De uma forma geral, costuma-se chamar de "Entidade chefe" aquela que mais afinidade tem com o médium. Aquele espírito que mais rapidamente se aproxima quando estamos passando por problemas, quando estamos nos sentindo mais tristes ou envolvidos em alguma circunstância mais grave. A Entidade chefe é quem amplia o sentido da intuição (em outras palavras, é a que "fala" no ouvido do médium na condução de sua vida).

Não quer dizer, necessariamente, que seja a primeira que o médium incorpora (apesar de que, muitas vezes, é). Mas é aquela que tem a missão de "organizar" a todas as demais que trabalham junto do campo vibratório do médium.

2.11 CAMBONO

Em tese, a Umbanda é uma religião que congrega e não segrega. Um dos seus mais bonitos fundamentos é o de reconhecer a importância de todos, desde os degraus mais altos – como os Orixás – até o frequentador mais recente ou pouco frequente. A beleza de nossa crença se baseia na valorização de todos os homens como filhos de um mesmo Pai. Por uma questão de organização e ordem, existe hierarquia, sem que isso sirva para adular ou enaltecer egos. Tudo e todos são reflexos da Força Maior!

Creio oportuna esta introdução no momento de falarmos sobre o termo CAMBONO, pois pode parecer aos olhos dos mais leigos que o médium que desempenha a função de cambono é menos importante ou valioso do que o médium incorporante, por exemplo. Nada disso!

Aliás, gostaria de abrir um parêntesis para tratar de experiência pessoal. Dentro de um terreiro, tenho claro para mim que ao desempenhar a função de cambono é quando mais aprendo. Estar ali ao lado das entidades que prestam caridade, auxiliando-as é aprender muito! Prestar atenção ao que ela quer, faz ou diz é um momento ímpar no desenvolvimento espiritual. Pudessem todos passar por este aprendizado e veriam o quanto é uma honra "cambonar". Mas, voltemos às explanações!

As primeiras elucidações sobre o termo devemos relacioná-las às possíveis variações da palavra. A razão, como muitas outras expressões usadas nas religiões que têm influência das matrizes africanas, é a mesma, ou seja, suas raízes daquele continente e que, pelo uso, foram sofrendo adaptações, corruptelas, reinvenções, etc.

Ouvimos, pelo Brasil afora, as nomenclaturas CAMBONO (que apresentará variação de gênero e número – cambonos, cambona, cambonas) e CAMBONE (que teria somente a variação de número – cambones).

Seja conhecido por um ou por outro, tudo indica que o vocábulo deriva de "kambondo", que em algumas nações africanas (bantu ou angola) é um título dado ao tocador de atabaque e como, normalmente, os "ogãs" (veremos em capítulo próximo) não incorporam, os cambonos passaram a significar o médium que não incorpora.

Entretanto, como tenho afirmado e reafirmado, não podemos ser taxativos quando tratamos das diferentes expressões das práticas de Umbanda, pois o que pode ser uma regra em uma Casa, pode não ser em outra. O objetivo não é criar problemas na leitura e abrir dissenções, o que quero é tão somente trazer a público alguns termos e como eles surgem e permanecem na religião.

O fato é que se concebe a figura do cambono como o integrante a corrente mediúnica da Casa que não incorpora (ou não está incorporado) no momento em que uma entidade está em terra. Sua função, devido a esta condição de "não-incorporado", é a de auxiliar os irmãos de luz que estão trabalhando na sessão. Assim sendo, tão importante para uma gira quanto um médium que serve de "cavalo" para uma entidade, é o cambono que facilita e agiliza os trabalhos no terreiro.

Como já havia mencionado, nem todos os lugares trabalham da mesma forma. Há terreiros de Umbanda onde a função é desempenhada por alguns que recebem o título de cambonos e são somente cambonos, em outras, quem cambona pode ser um médium (mesmo incorporante) desde que não esteja incorporado.

As possibilidades são muitas. Já testemunhei Casas que funcionam da seguinte forma: cada entidade tem o seu cambono. Em outras, existem alguns cambonos na corrente e estes auxiliam a todos os guias, na medida em que eles precisam de ajuda. Há, ainda, outros terreiros que não existem cambonos predeterminados; todos podem atuar como tal.

Seja como for, e assim gostaria de terminar a descrição deste artigo do glossário, sublinhando a importância dos cambonos nas giras dos terreiros. A oportunidade que os cambonos têm de aprender é imensa e o seu crescimento espiritual se dá no cotidiano do auxílio que prestam às entidades de luz.

SEGUNDA PARTE

A Umbanda em verso e prosa

A segunda parte do livro apresentará dez capítulos que começarão com um texto em forma de poema que abordará uma temática da realidade umbandista (desde a porta de entrada de um terreiro até uma gira de direita ou de esquerda). A seguir, outro texto, mas desta vez de forma dissertativa, esclarecerá o assunto do poema. Serão exploradas algumas particularidades do que é tratado nos versos e como funcionam dentro de uma tenda umbandista. Logo depois, é escolhido um elemento que esteja claramente expresso no poema (um objeto, uma pessoa ou um conceito) e aprofunda-se a questão.

Ainda como informação importante sobre a estrutura desta parte do livro, salientamos que é possível que o leitor encontre "caixas de textos" que servirão de alertas para alguns aspectos sensíveis das temáticas sobre a religião. A decisão pela inserção de mensagens se fundamentou em percepções pessoais, pois ao longo de minhas experiências religiosas li, vi e ouvi alguns irmãos da caminhada que, por desconhecerem ou não possuírem informações corretas, acabam por revelarem uma ideia equivocada sobre a Umbanda e os seus mistérios.

Resumindo a questão, ao apresentar os assuntos da religião umbandista, o livro busca estabelecer um diálogo entre as visões existentes no imaginário coletivo (como de um modo geral as pessoas entendem o que é a Umbanda) e as experiências vividas no terreiro, as representações dos ritos e os símbolos que a sustentam e fundamentam.

Ainda que o objetivo do texto não seja uma análise profunda das questões da psicanálise, gostaríamos de começar nossa conversa propondo uma ancoragem a todo o discurso aqui apresentado nas teorias do médico suíço Carl Jung (1875-1961) que diz serem os símbolos uma expressão do inconsciente (*individual e coletivo* – grifo nosso).

Se entendemos que as criações simbólicas são a exteriorização do que vai na psique humana, outro importante conceito do psicoterapeuta Jung também embasará a configuração deste livro: a identificação das imagens a partir arquétipos como as representações desse inconsciente.

O que mais pode ser toda a simbologia religiosa (seja do credo que for) se não a ratificação das conclusões apresentadas por Jung?

Será a partir do arcabouço descrito no parágrafo acima que todos os exemplos estarão fundamentados. Em poucas palavras, o que estou dizendo é que o meu objetivo ao tratar, por exemplo, de uma reunião (a gira) que evoca em sua ritualista os sinais da mística (para além da concretude do mundo físico), lanço mãos das representações que despertam sensações e sentimentos em cada um dos seus integrantes, formando, desta maneira, uma congregação chamada religião.

CAPÍTULO 1

Convite

Entremos em silêncio, bem devagar,
cruzando os portais do sagrado lugar.
Encontros de vidas, eis o terreiro,
magia divina, seremos inteiros.

Guardado no alto, em proteção,
o sagrado objeto é o coração
do templo que abriga, com água santa,
as nossas cabeças: a quartinha branca.

Do lado de fora, a saudação
para adentrar no sagrado chão.
A cruz que se faz na reverência
É sinal de respeito, é nossa essência.

Na casa à esquerda, as velas acesas
P'ras almas benditas e p'ra firmeza.
Dizemos baixinho: Laroiê, guardião.
Sua força e fé, pedimos sua bênção.

1.1 O PÁTIO DE ENTRADA

É costume que as Casas de Umbanda tenham do lado de fora, logo após o portão, um pequeno pátio. Numa linguagem simbólica, desde o momento em que a pessoa cruza o primeiro portal, tem início um ritual de passagem mágico e influenciador do campo energético de quem acorre a um terreiro.

Se aquele que passa pela porta é um novato ou um desconhecedor de todas as partes constitutivas da religião, a sensação do inusitado, por si só, já colabora para que a apreensão se transforme em observação e dela brote uma espécie de silêncio que busca desvendar ou revelar a fé interior que o motivou a ali entrar. É o espaço das "boas-vindas" e do acolhimento a todos.

Se, por acaso, se trata já de um frequentador costumeiro, a conexão se dá logo de início, a partir do momento em que os seus pensamentos se voltam a tudo o que o adepto da religião já sabe o que representa aquela recepção.

Segundo se expressa no poema, estamos diante de um espaço mágico que tem por finalidade envolver as pessoas em um clima de sacralidade, como veremos nas explicações a seguir.

Creio ser oportuno uma primeira observação com relação ao pátio na frente do terreiro. De um modo geral, naquele local há algumas "firmezas" do templo que resguardam não só o corpo mediúnico da Casa, como também formam uma espécie de barreira energética com vistas a impedir (ou minimizar) a entrada de vibrações menos sutis.

Neste quesito, estamos falamos mais especificamente da "Casa dos Exus" (ou "Casa das Almas"). Sua função é ser o elemento harmonizador dos diferentes campos vibracionais dos que chegam ao terreiro para um dia de trabalho espiritual.

Mais adiante, no capítulo 10, quando tratarmos da "linha da esquerda", teremos a oportunidade de ampliar o assunto, mas acredito que seja necessário alertar aos que ainda conhecem pouco sobre a religião de Umbanda que a figura de Exu não representa a personificação do mal que fora trazida à história da humanidade ocidental pela "endemonização" cristã. Sabemos que tais entidades são os guardiões dos caminhos, das pessoas, das situações e dos lugares. Por esta razão, desfaçam a ideia errônea sobre os Exus e Pombogiras e não precisam se assustar com as imagens que fazem parte da Casa das Almas.

Já a visão da grande maioria dos umbandistas é um pouco diferente e o respeito por essas entidades faz com que, dependendo da ritualística do terreiro, a pessoa logo que chega no terreiro se aproxima da "Casa" e saúda àqueles que se veem representados pelas figuras, velas, colares (fios de conta), flores, chapéus, etc.

Seja pelo gesto de tocar o chão com as pontas dos dedos e pedir permissão para entrar, seja pela singela – e não menos importante – persignação (o sinal da cruz), o fato é que, naquele momento, o homem deixa para trás tudo aquilo que lhe trouxe da rua até o templo em busca de renovar as suas esperanças.

Guardadas as particularidades de cada tenda umbandista, em linhas gerais, o poema descreve os elementos fundamentais da entrada de um terreiro. Destaca-se, nos versos, a finalidade da existência desse ambiente de transição (e transposição) entre as realidades física e mística.

O sagrado se traduz em referências tais como o objeto que guarda os mistérios da religião (a "quartinha"); a saudação "Laroiê" ao Exu guardião; a integralidade do ser que cruza o portão; e a parte invisível que participa de todo o processo, como as "almas benditas".

1.2 A QUARTINHA

Como a intenção é a cada capítulo escolher um elemento referenciado no poema para dar maiores detalhes de suas características e utilizações, a primeira escolha será a QUARTINHA.

Ao longo da história da humanidade, vemos algumas descobertas e pesquisas que buscam comprovar a existência de sociedades secretas que mantiveram sobre as chaves do silêncio externo os seus escritos, estudos, discussões e rituais. Sabemos que isto não é uma exclusividade da Umbanda, do Candomblé ou de outra religião de ascendência africana, ameríndia ou europeia.

A partir destas observações, vejamos quais são as principais funções da quartinha na Umbanda.

Ainda que alguns terreiros e Casa de práticas religiosas que possuem influências das matrizes africanas não utilizem mais o recipiente conhecido como quartinha, há ainda muitos templos que mantêm os rituais de magia que a envolve.

As perguntas que rondam a cabeça de alguns desconhecedores de nossas religiões são:

- O que há dentro delas?
- O que significam?

Certamente, temos respostas que podem ser dadas e reveladas, mas existem, como em toda congregação religiosa, determinados mistérios que pertencem ao grupo, e, portanto, devem ser mantidos guardados.

Tratemos aqui dos aspectos gerais do uso das quartinhas.

É comum, mesmo quando se passa pela calçada na frente de um templo umbandista, avistar-se, ou em cima do muro, ou na parede frontal da tenda, um recipiente de barro (ou de louça) com uma tampa, como se fosse uma ânfora. O primeiro significado daquele objeto exposto, logo na entrada, é o de que se trata de um lugar sagrado. Ou seja, a quartinha é um símbolo concreto que traduz a transposição das realidades (saímos do mundo material para passarmos para um espaço místico).

Podemos ainda traçar um paralelo com outras religiões para entender o que significa ter um objeto à vista de todos. Já repararam que muitas igrejas e templos possuem portões com desenhos ou frases que representam cenas e figuras relacionadas à doutrina do local? Pois bem, guardadas as devidas proporções, trata-se da mesma coisa; quer dizer: mostra-se a quem passa diante da casa qual é a religião ou como ela vivencia as suas práticas religiosas.

Assim, aquela quartinha carrega o significado sagrado do terreiro. O cuidado que se deve ter com a peça, cabe ao dirigente da Casa que, respeitando as orientações da entidade-chefe (ou orientadora), prepara, limpa, resguarda, preenche ou recompleta o que vai no seu interior.

Além daquela na entrada, também é possível que cada médium de um terreiro tenha a sua própria quartinha[3] que representa o seu

---

3. Existem alguns templos que os médiuns podem ter até mais de uma quartinha. Dependerá da tradição do local.

processo de iniciação como integrante da Casa. Os cuidados serão os mesmos da quartinha de entrada e estarão sujeitos à orientação do Sacerdote para que sejam preenchidas com líquidos, objetos ou firmezas determinados pelo plano superior.

Um dos líquidos mais comumente utilizados nas quartinhas é a água. Como um forte condutor de energia e por trazer uma gama de representações e significados como elemento de pureza, a água que se coloca na quartinha deve sempre ser a mais límpida possível.

O material do qual as quartinhas são feitas, nos dias atuais, pode ser de barro ou de louça. Alguns antigos seguidores da Umbanda mantém a crença de que ela deve ser de barro por questões do lastro da tradição. Acredito que a explicação se baseia mais nas tradições históricas do que em fundamentos místicos. Em tempos mais remotos, utilizavam-se mais quartinhas de barro devido a serem os objetos de louça muito mais caros. Ou seja, a sua utilização não passava de uma questão econômica tão somente.

Inclusive porque, se é de barro ou de louça, não há uma grande diferença, pois, a base de moldagem é a mesma. É a argila o elemento que se utiliza. O que muda é a forma no cozimento e no revestimento.

Em diversas tradições umbandistas, as quartinhas com alças são destinadas às mulheres (pois associa-se a forma de ampulheta ao corpo de uma mulher) e as sem asas estão destinadas aos homens.

Seus tamanhos podem variar, mas de um modo geral, sua capacidade de armazenamento de líquidos varia entre 250 a 500 mililitros.

Como o texto, além das questões de pesquisas bibliográficas, traz informações baseadas em muitas das minhas vivências espirituais, vale a pena acrescentar que algumas escolas[4] de umbanda, em sua trajetória de trabalhos espirituais, também possuem outros recipientes idênticos às quartinhas, com a diferença do tamanho. São maiores e destinados aos médiuns que já passaram por determinados números de processos iniciáticos. Já ouvimos a expressão de "médium feito" que, após suas sete primeiras obrigações, ou seus primeiros vinte e um anos de "feitura" no santo, ascende a uma categoria dentro da hierarquia da religião que lhes confere um cuidado maior com suas "ferramentas", louças e o "porrão" (ou quartilhão) que nada mais é do que uma quartinha maior.

---

4. O conceito de Escolas utilizado neste livro tem como base as teorias apresentadas em RIVAS NETO, Francisco. *Escolas das religiões afro-brasileiras: tradição oral e diversidade*. São Paulo: Arché, 2013.

CAPÍTULO 2

O Congá

À frente de todos, a confluência,
mescla harmônica de nossas raízes,
mostra de um tempo de resistência
que preza, ao menos, as três matrizes.

Descerram-se as cortinas, então,
de onde emergem luz e devoção:
são negros, índios e santos católicos,
convivência de um altar simbólico.

No centro mais alto, está Oxalá,
de braços abertos a proteger.
Seus filhos amados, Obatalá,
rogamos que venha nos valer.

Todos os deuses ladeiam o Senhor.
Herança recebida a resguardar
a força, a fé, a magia e o fervor.
Este, na Umbanda, é o nosso altar.

2.1 O altar na Umbanda

Comecemos pela explicação sobre a origem do termo Congá (ou Gongá). Ao que tudo indica, a base do vocábulo se encontra na língua banto[5] e representa um dos pontos de força de um terreiro de Umbanda. Em linhas gerais, o congá é um altar que preside o salão onde as giras e sessões acontecem.

Não há uma regra única para a composição de um altar. Reafirmamos, como no capítulo anterior, que todas as ordens, disposições e ritualística de uma tenda umbandista devem primar por cumprir com as orientações do guia-chefe do lugar. Em suma, o que lhes apresento são algumas realidades que já pude comprovar ao longo de minha jornada espiritual em visitas a algumas casas, bem como o que vejo no terreiro onde trabalho como médium, obviamente.

Respeitadas as diferenças entre as diversas práticas, o congá possui, como mínimo, duas partes constitutivas:

A primeira visível a todos os que frequentam o terreiro, onde podem estar expostas as imagens de santos católicos, pretos velhos, caboclos e outras entidades que "trabalham" na Umbanda.

A outra parte é reservada e se localiza debaixo do altar, sendo, portanto, fechada e secreta. Ali, podem estar guardados alguns objetos que funcionam como o polo de concentração energética do corpo mediúnico do terreiro. O cuidado de limpeza e de conservação do espaço é exclusivo do dirigente da Casa e, quando assim orientado, pode ser delegado a outros médiuns preparados para a tarefa.

---

5. Banto é um tronco linguístico que deu origem a diversas outras línguas africanas.

O Congá

Periodicamente, o congá e todos os assentamentos existentes nele devem ser limpos e organizados.

É comum que os filhos de santo, ao chegarem ou antes do início de uma sessão, saúdem a Casa "batendo cabeça" no altar. Tal reverência demonstra não só o respeito do médium por tudo que o terreiro representa para ele, bem como simboliza a sua total entrega, de coração, corpo e alma, para o trabalho espiritual.

O Congá é o ponto de convergência da força superior que rege a comunidade religiosa. Emana luz através de tudo que nele se encontra e funciona tanto como vetor de energia positiva como também, na mesma medida, pode ser um ponto dissipador de fluidos menos sutis.

Um Congá encarna uma das características umbandistas mais interessante: o sincretismo. Por estar formado por imagens de santos católicos e outras divindades oriundas de diversas matrizes culturais, representa a brasilidade da religião. A própria mescla harmônica do que somos: um povo miscigenado.

É comum escutarmos relatos de pessoas que mesmo não sendo adeptas da Umbanda se sentem acolhidas em um terreiro, pois ao chegarem, identificam um dos ícones religiosos mais difundidos no país: a imagem de Jesus Cristo de braços abertos no centro do altar.

Alguém que mesmo sem nunca haver pisado em uma tenda e não entender sobre a religião e seus fundamentos pode se sentir mais tranquilo e em paz com todo aquele "universo" desconhecido, quando identifica, através de suas referências culturais, as marcas da sacralidade. Em suma, podemos dizer que o congá colabora com o ar de recepção e refúgio e quem chega a um terreiro e vê aquele altar tem a oportunidade de desfazer a ideia dos mitos criados por quem não compreendendo a religião, cria histórias que não são verdadeiras.

Um aparte que se faz necessário aqui, diz respeito ao que acima dissemos com relação às histórias que rondam o imaginário das pessoas que nunca estiveram em uma sessão umbandista e se arvoram em criar enredos falsos sobre o que faz a religião, o que ela prega ou ensina. Uma das soluções mais eficazes para minimizar tais falácias é, sem dúvida, a divulgação de forma séria e desmitificadora de temas umbandistas.

Se alimentarmos a equivocada ideia de que não se pode falar sobre a Umbanda, continuaremos sofrendo críticas e daremos chances às mal fadadas línguas e mentes desocupadas que perdem seu tempo inventando contos irreais.

Por isso é que aconselhamos aos que desejam saber mais sobre a religião duas coisas: primeiro, certifiquem-se de que a pessoa para quem vocês estão fazendo alguma pergunta é alguém que realmente entende e vivencia a Umbanda e a segunda sugestão é a de buscar as referências bibliográficas consagradas e bem recomendadas pelos seguidores da religião.

Houve um tempo em que encontrar bons e confiáveis livros sobre as religiões de influência das matrizes africana era bastante difícil. Hoje, com o advento da tecnologia e a incrementação das editoras e livrarias, vemos surgir um maior número de publicações e textos sobre todo e qualquer assunto.

Mas não se esqueça de que, se por um lado, temos muita informação, por outro, nem sempre podemos nos certificar de que essas publicações são tão verdadeiras assim. Todo cuidado é pouco!

O Congá

Retomemos o assunto sobre o congá e as suas representações. Certamente, muitos de nós umbandistas já ouvimos o testemunho de irmãos pertencentes a outros cultos e crenças sobre a sensação que tiveram quando foram a um terreiro e se depararam com um altar com figuras tão conhecidas como Jesus, Nossa Senhora, Senhora de Sant'Ana, São Jorge, São Sebastião etc. (teremos mais adiante a oportunidade de falar sobre o sincretismo na religião de Umbanda).

Não são somente os santos cristãos que colaboram para que o visitante não se sinta tão "estranho" em uma sessão. Também as flores que enfeitam o congá, as velas acesas, os copos de água são elementos reconhecidos em muitas outras práticas religiosas e colaboram com o "ar" de familiaridade.

Já mencionei mais acima sobre a inexistência de uma regra fixa para erigir um altar umbandista. A título somente de exemplificar, vejamos algumas possibilidades:

- Existem congás feitos de forma escalonada com estantes dispostas na parede de forma triangular, onde, no vértice mais alto, vemos a figura de Oxalá.
- Outros altares são concebidos de forma horizontal em uma mesa com as imagens dispostas em um mesmo plano.
- Há congás que mostram somente a figura de Jesus.
- Vemos algumas Casas que constroem os congás exclusivamente com as imagens dos deuses (orixás) africanos, cada um deles representando a compreensão que aquele terreiro tem sobre as Sete Linhas da Umbanda.
- As possibilidades são tantas que existem templos que sequer apresentam figuras de santos, mas isto não invalida o

entendimento de que há um ponto de força e convergência naquela Casa.

Seja da maneira que for, o importante é o que um congá simboliza para a religião e os seus adeptos e o processo que ele desencadeia no campo vibracional do terreiro. Em síntese, a aura sagrada que se confere ao altar é o cerne da sua existência.

2.2 Oxalá é Jesus?

Prosseguindo com a escolha de um dos elementos citados no poema para explanar, selecionamos a figura de OXALÁ.

Comecemos com as referências históricas da formação de nosso país. Com a vinda dos negros africanos trazidos às Américas como escravos, vieram também suas crenças e mitos. Diante da impossibilidade de venerar os seus deuses e a tentativa de buscar uma solução para "ludibriar" os seus senhores e manterem a sua fé, os africanos iniciaram um processo de substituição nas reverências aos seus Orixás. Esta foi a origem do sincretismo religioso entre os cultos de nação[6] e o catolicismo em nossas terras. A partir daí, entendemos que a colocação das imagens católicas nos rituais africanos foi através da procura de características similares entre os deuses e os santos, de modo a que os católicos não percebessem o artifício de "enganação" e assim, pudessem continuar a realizar seus cultos com mais liberdade.

---

6. Entende-se a expressão como as diferentes manifestações e cultos das diversas "nações" africanas e que, por força da escravidão, juntaram-se em solo brasileiro.

No caso aqui destacado, vejamos os possíveis motivos que levaram a identificação de Oxalá com Jesus.

Segundo algumas referências africanas da mitologia da gênese da vida, Oxalá foi o primeiro "filho" do Ente Divino e Onipotente Olorum (ou Olodumare) a ser enviado para a criação do mundo. Dentro desta perspectiva mítica, a relação sincrética com a figura cristã é facilmente compreensível: quem é o filho de Deus na Terra incumbido de trazer a Sua mensagem? O Cristo.

Ampliemos a comparação entre as duas figuras. Jesus é a mais importante referência das religiões de matriz cristã e ocupa, portanto, o centro da doutrina. Da mesma forma, este local de destaque pode ser atribuído a Oxalá uma vez que algumas nações africanas identificam aquele deus a quem fora designada a missão de criar o mundo como "o orixá dos orixás" (ou seja, "Orixalá" ou a sua forma reduzida "Oxalá").

Oxalá, assim sendo, é aquele que primeiro foi emanado de Olorum e por esta característica ele é chamado de "Obatalá" ("o grande orixá" ou "o Rei do pano branco").

Em resumo, devido à herança africana e a sua simbologia, Oxalá, na perspectiva umbandista, é o ponto de convergência de toda a religiosidade. Sendo o primeiro orixá, considera-se como o "Pai", por isso, a sua relevância na grande maioria dos terreiros. Tal distinção dentro da religião se vê corroborada pelo fato de que esta divindade reúne em si todas as características do próprio Deus que o criou. Quer dizer, tal como Jesus é o Deus feito homem, Oxalá congrega tudo que há em Olorum.

Como sempre estou reafirmando, não podemos "fechar" determinadas questões sobre os assuntos da religião, uma vez que temos fundamentos, mas não temos fundamentalismos, como muito bem nos diz o sacerdote de Umbanda Pai Dermes de Xangô[7]. Convém ressaltar, então, que veremos também algumas Escolas umbandistas que entendem as práticas do terreiro diretamente pela genealogia dos deuses africanos a partir de Olorum (referência Ketu) ou Zâmbi (referência Banto) e colocam Oxalá nas mesmas dimensões de todos os outros orixás.

> Um ponto particular entre a visão umbandista sobre o panteão africano e a concepção de outras crenças religiosas com influência da mesma matriz é o de que, para nós, os Orixás não foram serem encarnados; eles são forças da natureza, são qualidades divinas do Todo Poderoso.

---

7. Dermes de Xangô é a referência sacerdotal do umbandista Ademir Barbosa Júnior, atualmente dirigente, juntamente com sua esposa Karol Souza Barbosa, da Tenda de Umbanda Iansã Matamba e Caboclo Jiboia, em Blumenau, SC.

CAPÍTULO 3

O Ogã

*Ao reverberar o primeiro som
da batida segura de sua mão,
é fácil sentir, em todo o salão,
a força que se expressa no seu dom.*

*Toque de tambor a nos convidar
a encontrar silêncio e concentração.
Na voz retumbante a invocar
a apresentação de toda a nação.*

*Seja de Ketu, Angola ou Congo,
a raiz da qual o ritmo vem,
num batuque breve ou longo
a perfeita gira se mantém.*

*Soa o rumpi o toque de marcação.
Responde, em ijexá, o rum em ação.
Observados pelo Lê atento,
que busca firmar-se em barravento.*

3.1 A BATIDA PERFEITA

Apesar de sabermos que nem todas as casas de Umbanda possuem as figuras dos Ogãs (sejam pelos motivos que forem), pareceu-me uma justa homenagem compor um poema que contemplasse aquele cantinho do terreiro que traz à nossa alma o som da ancestralidade na qual ancoramos muito de nossos rituais.

Nas Tendas onde as sessões são acompanhadas pelos toques dos atabaques, a espiritualidade revela que as pessoas do terreiro que são consagradas como ogãs têm sob a sua responsabilidade a harmonização de todo o ambiente. Quantos de nós já vivenciamos "um tambor mal tocado" atrapalhando todo o processo? Mas quantos de nós já testemunhamos o oposto? Quem tem atabaque em seu terreiro há de concordar com a máxima de que a batida perfeita faz a "gira girar".

Não podemos fugir à nossa formação acadêmica para começar a descrever o que é um ogã, quais são as suas funções e a sua importância para a Umbanda. A palavra "ogã", como grande parte das palavras usadas nas religiões que possuem matrizes africanas, vem do iorubá e está relacionada ao campo semântico de chefia[8]. Se fôssemos mais estritos nas questões de definições e buscássemos o vocábulo tão somente pelo que traz um dicionário, encontraríamos, com algumas pequenas variações, a seguinte explicação:

> No candomblé, na umbanda e em religiões afins, denominação comum a diversas funções masculinas

---

8. Dicionário Yorubá-Português. In.: http://blackpagesbrazil.com.br/?p=3623 (acesso em 22 Abr 17)

O Ogã

em uma casa em que se celebram os ritos desses cultos, as quais podem ser de natureza secular (p. ex., financeira, de segurança, da guarda das chaves da casa) e/ou religiosa (p. ex., a execução sacrificial dos animais votivos e a preparação dos encantamentos com folhas e cabaças).[9]

Entretanto, como o foco deste trabalho é trazer informações relacionadas às realidades vivenciadas nos terreiros e nas práticas espirituais da Umbanda, vejamos, então, para além das definições lexicais.

Tal como muitas referências ligadas à Umbanda (ou às diferentes práticas de Umbandas, se assim preferirem), também a função dos ogãs apresenta diversas visões. Em algumas Casas, podem ser homens e/ou mulheres. Outras restringem o cargo ao gênero masculino. No último caso, acredito que, muito provavelmente, a razão deve se vincular ao lastro das tradições mais africanizadas que atribuem determinadas funções às "ekedis" (que são só mulheres) e outras somente para os homens (os "ogãs"). Ambas as incumbências são específicas para pessoas que trabalham no Centro mas não participam das sessões como médiuns de incorporação. Nestas interpretações, muitas tarefas são restritas a categorias específicas e, portanto, estabelecem ocupações indicadas somente para homens e outras para mulheres.

Há algumas formas de se chamar aquele que toca o atabaque (ou outros instrumentos, normalmente, de percussão) nos terreiros.

---

9. http://michaelis.uol.com.br/busca?r=0&f=0&t=0&palavra=og%C3%A3 (acesso em 24 Abr 17)

Guardadas as devidas definições mais ortodoxas, é comum ouvir termos como:

- **"Atabaqueiro"**. O termo é de fácil associação à função, pois é aquele que toca o atabaque.
- **"Curimbeiro"**. Curimba (ou corimba) é uma palavra que se refere não só ao instrumento de percussão dos rituais das religiões afro-brasileiras, como, por associação de ideias, ao ponto de força no terreiro onde o grupo responsável pelos toques e cantos de uma gira se coloca. Logo, pois, curimbeiro é quem toca a curimba.
- **"Tamborileiro"** é aquele que toca tambor (como também se costuma chamar os atabaques de um terreiro).

> Uma curiosidade, ainda no mesmo viés de nomenclaturas e uso de palavras para o ato de tocar os atabaques, é a palavra "macumba". Algumas pessoas, provavelmente para tentarem desfazer o sentido pejorativo que o termo ganhou ao longo do tempo, afirmam que "macumba" é um instrumento (uma espécie de reco-reco) que se utiliza em rituais de matrizes africanas. Neste sentido, "macumbeiro" é quem toca macumba. Elas têm razão, mas não integralmente, pois "macumba" é também o conjunto de práticas religiosas que receberam grande influência dos cultos bantos, principalmente, na cidade do Rio de Janeiro, desde os tempos da escravatura, até começos do século XX. Se entendermos desta forma, "macumbeiros" seriam os que são adeptos da Macumba.

> Mais adiante, em um foro mais apropriado, ainda creio ser importante explicar as questões que envolvem as diferenças entre Macumba e Umbanda. Aqui, o foco é sobre toques, percussão, cantos e músicas.

Voltemos aos ogãs.

Estes homens (e mulheres, dependendo do terreiro), no desempenho de suas funções nas giras, têm em suas mãos a capacidade de ativar o campo energético favorável para o trabalho mediúnico e colaborar, sobremaneira, com a incorporação.

De modo geral, diz-se que os ogãs não incorporam. Algumas possíveis justificativas podem se vincular a esta assertiva. Uma é a de que um umbandista praticante e não possuidor da característica mediúnica da incorporação, poderia fazer parte do corpo mediúnico da casa mesmo assim. Outra explicação plausível é a de que tendo a responsabilidade de manter a harmonia da sessão através do som, o fato de incorporar poderia influenciar e atrapalhar no processo geral. Porém, uma vez mais reafirmamos, que nos assuntos atinentes à Umbanda não podemos ser taxativos. Existem templos nos quais há ogãs que incorporam em determinados momentos e que durante o evento os outros ogãs sustentam a "batida" ou mesmo, algum médium que tenha a habilidade rítmica da percussão o substitui.

E por falar em habilidade rítmica, ainda que pareça desnecessário mencionar, sabemos que nem todas as pessoas estão aptas a se apresentarem como ogãs. Não haveria como alguém, ainda que imbuído de boa vontade, querer tocar o atabaque se não fosse provido do dom do "batuque".

Aos olhos dos menos atentos, ou dos desconhecedores de música, o som que temos em uma gira é somente uma batida (ou harmônica ou descompassada). Todavia, há que se registrar que existem diferentes tipos de atabaques e toques que podem ou não figurar em uma Casa.

Com um caráter informativo, temos:

a- Três tipos principais de atabaques:

- **Rum**: o de toque mais grave;
- **Rumpi**: aquele que "responde" ao toque Rum; e
- **Lê**: que é tocado pelo ogã que está aprendendo a função.

Se tomarmos o significado destas palavras, entenderemos mais claramente como funcionam os atabaques nas cerimônias. "Rum" significa "rugido", "pi" faz referência a um advérbio de tempo como "imediatamente" e "lé" é "pequeno".

Algumas casas também usam o agogô, xequerê (espécie de instrumento feito de cabaça envolta em rede de contas) ou chocalho como acompanhamento.

b- Alguns dos toques existentes são:

ijexá, cabula, barravento, congo de ouro, congo nagô, samba de caboclo e samba de roda.

3.2 O ATABAQUE NA GIRA

Como o tema dos versos do capítulo é o ogã e como para que um médium possa desempenhar esta função é necessário o instrumento de percussão, decidimos destacar o ATABAQUE para uma maior explanação.

Como objeto, o atabaque é mais um dos utensílios que representa a religião. O cuidado com a seleção do material que venha a compô-lo garante o seu melhor desempenho e auxilia com a sua durabilidade.

No plano concreto, a confecção do atabaque deve levar em consideração a madeira, os ferros, o couro, bem como o seu tamanho e dimensões, se haverá apoio ou não, etc. Estes itens influenciarão, de forma efetiva, na qualidade e na potência do instrumento.

No que se refere ao significado, sabemos que a palavra tem sua origem na expressão árabe "aT-Tabaq" que significa "prato". Diretamente ligada a parte de cima do instrumento onde se bate com a mão.

Sobre a sua constituição, o atabaque é um tambor cilíndrico ou de forma cônica, feito de madeira (mogno, jacarandá, pinho ou cedro). Uma das bocas é coberta por couro (sendo mormente de origem animal como boi, veado ou bode). Recebe aros de ferro que ajudam a moldar as lâminas de madeira e definem o formato da caixa de ressonância.

Normalmente é tocado com as mãos. Mas ainda há a possibilidade de serem usadas duas baquetas, ou, até mesmo, uma das mãos e uma baqueta. Tudo isto dependerá do ritmo e do tambor que está sendo tocando.

Não poderíamos terminar este capítulo sem tecer alguns comentários desde uma perspectiva das representações simbólicas. O atabaque pode ser interpretado pela união das Forças dos Orixás em seus elementos fundamentais: se entendemos os atabaques como o coração que pulsa e dá vida ao terreiro, a primeira associação que podemos fazer é com as nossas "Mães" (as Yabás, as Senhoras de nossas coroas), em um segundo momento, ao considerarmos o material do qual eles são feitos, teremos na madeira (que é a base e o sustento do som que se expande no terreiro) os axés de Oxalá (é Ele quem sustenta a Criação de Olorum) e de Xangô (som que ecoa); nos aros de metal as forças de Ogum e Exu e no couro (a pele de origem animal) a influência de Oxóssi.

A partir de agora, esperamos que ao entrar em um terreiro e ouvir os primeiros batuques dos atabaques você se lembre da nossa "conversa" e possa aproveitar ainda mais a vibração e a energia que emanam do plano espiritual.

CAPÍTULO 4

Defumação

*Invade e toma conta do ar
o aroma doce a anunciar
que a nossa gira tem início
para todos os benefícios.*

*Em secular sabedoria,
a mata virgem da Jurema
tal qual a emoção de um poema
os filhos de fé enebria.*

*Brasa, alecrim, guiné e arruda,
perfumando todo o ambiente,
trazem à memória da gente
os caminhos de nossa cura.*

*Bem defumado os quatro cantos,
na porteira, posto o turíbulo,
já começa novo capítulo
dos mistérios e dos encantos.*

4.1 Abrindo a gira

O ato da defumação não é uma exclusividade da Umbanda. Muitas outras religiões se valem desse processo "de limpeza" para dar início aos seus rituais. Conta-se, inclusive, que durante a Idade Média, muitas igrejas cristãs, na Europa, valiam-se desse artifício para perfumar o ambiente e disfarçar o odor que exalava dos muitos fiéis que, por questões de higiene ou hábito, careciam de banho.

Ainda que tal explicação seja plausível (e possível), a questão que nos importa é abordarmos o tema junto aos nossos atos e cerimônias religiosos.

Ao que tudo indica, o ato de queimar raízes e folhas vem de há muito tempo. Alguns arqueólogos sustentam a tese de que já os homens das cavernas, após a descoberta do fogo, faziam uso daquelas técnicas não só para a conservação de alimentos, como para afastar ameaças animais (ferozes ou peçonhentos). Os pesquisadores suspeitam, até mesmo, ao reconstituírem o cotidiano daquelas eras, que o uso da fumaça que emanava da queima de folhas serviria também a modificação do "clima" do local.

Em um salto histórico maior, sabe-se que civilizações antigas como a egípcia (4.000 a.C.) e a suméria[10] (3.000 a.C.) utilizavam a defumação com fins místicos de favorecer o diálogo com os planos sutis e a limpeza dos ambientes.

Quando uma erva ou uma raiz é queimada, há uma liberação energética acumulada resultante do processo de desenvolvimento

---

10. Primeiro povo a habitar a região da Mesopotâmia (o atual Iraque), localizada entre os rios Tigre e Eufrates.

da planta no solo, da absorção dos nutrientes e do poder do tempo (sol, lua, chuva, vento, etc.). Isto sem contar com o poder inerente à própria erva e suas funções específicas de uso.

Por esta razão, é que se acredita que a queima de ervas e raízes pode desagregar miasmas astrais resultantes de baixa qualidade de pensamentos e desejos, como raiva, vingança, inveja, orgulho, mágoa e outros sentimentos menos agradáveis.

De um modo geral, há dois tipos de defumação:

- de descarrego: como o próprio nome diz, elimina ou dilui campos energéticos desfavoráveis;
- lustral: após a limpeza do ambiente, atrai bons fluidos para o trabalho espiritual de Orixás e entidades.

Cabe lembrar que além das ervas e raízes, uma prática também bastante recorrente com as mesmas funções é a da queima de elementos e resinas aromáticos em pó ou varetas. Seja pela forma que for, a utilização da defumação está na história do homem desde onde nossa capacidade investigativa pode perceber.

Na Umbanda, o ritual da defumação é um dos preceitos mais evidente da religião. Muitas práticas mágicas podem ser diferentes de terreiro para terreiro, porém, a defumação é uma das que se pode dizer comum às diferentes escolas. Uma gira tem início pelo processo da defumação que normalmente vem acompanhado de cânticos (pontos cantados) para esse fim. De forma genérica, utiliza-se um incensório (de metal ou barro), com carvão em brasa. Coloca-se o conjunto de ervas secas para a produção da fumaça e assim tem início a limpeza.

Após a reverência do congá (o primeiro a ser incensado), leva-se o defumador para pessoa que conduz a gira (Mãe ou Pai de Santo, ou alguém determinado para isso, na ausência de um deles), logo a seguir, reverenciam-se os tambores (se houver), "limpam-se" os médiuns que trabalharão na sessão e passa-se pela assistência.

Feita a defumação, normalmente, coloca-se o incensório do lado de fora do salão onde ocorrerão os trabalhos espirituais.

Os umbandistas, ou mesmo as pessoas que alguma vez já participaram de uma sessão em um terreiro, hão de se lembrar de um dos mais famosos pontos cantados, que por si só já define o que é a defumação e indica quais são os elementos, normalmente, utilizados para isto:

Defuma com as ervas da Jurema
Defuma com arruda e guiné
Benjoim, alecrim e alfazema,
Vamos defumar filhos de fé.

Apesar de algumas divergências[11], existem algumas ervas específicas para cada orixá e dias específicos para a realização de defumador em louvor a esses deuses e deusas:

---

11. O objetivo do texto não é o de criar polêmicas. Sabemos que a religião de Umbanda é plural e, portanto, não há um consenso. Aqui, resolvi citar somente a título de exemplificações e ilustrações sobre os temas propostos.

Defumação

Dia da semana	Orixás / Entidades	Ervas
Domingo	Nanã Buruquê / Almas	anis estrelado, sândalo, rosa cor-de-rosa, cravo-da-índia, noz-moscada.
Segunda-feira	Obaluaiê, Omulu / Exu / Almas	arruda, sândalo, angélica, patchouli.
Terça-feira	Ogum – Oxumaré	verbena, jasmim, cravo-da-índia, violeta
Quarta-feira	Xangô – Iansã – Obá	alecrim, rosa branca, mirra, patchouli
Quinta-feira	Oxóssi – Logunedé – Ossaim	canela, noz-moscada, orquídea azul, flor-do-campo
Sexta-feira	Oxalá	alfazema, lavanda, rosas brancas, almíscar, arruda, alecrim
Sábado	Iemanjá – Oxum	alecrim, benjoim, bálsamo, angélica

4.2 Os Defumadores

Para que se possa fazer a defumação, é necessário o recipiente onde o carvão é colocado como a base incandescente. O objeto em questão será o destaque retirado do poema "Defumação" para que possamos ampliar o assunto: o TURÍBULO.

Tal como mencionei no capítulo sobre a quartinha, também o turíbulo, em algumas Casas, encontra resistência em ser de um material que não seja o barro. Os mesmos motivos econômicos subjazem na justificativa. Em tempos mais remotos, era muito mais acessível ter utensílios de barro do que de alumínio ou outros materiais.

Outras culturas que também utilizam os incensórios, ao contrário, num intento de ostentar valor (muitas vezes com as desculpas de que para "Deus" sempre o melhor material), forjaram turíbulos de materiais como prata e ouro.

Contudo, sabemos que o valor do objeto não está nos seus componentes e sim naquilo que dele resulta, ou seja, a limpeza espiritual e a preparação do ambiente para os eventos religiosos.

Os desenhos, relevos, ligas metálicas, correntes, tamanhos e outros materiais ficam a cargo das possibilidades dos templos.

> Se sua importância não reside no material do qual é feito e sim em sua função, podemos até mesmo sugerir a confecção de um turíbulo "caseiro": Se tivermos uma simples lata de alumínio (daquelas de óleo vegetal ou leite em pó) e fizermos alguns "furinhos" em sua base para a entrada de ar e na parte superior amarramos três fios de arame para podermos segurar o objeto, já teremos um incensório.

Além das elucidações sobre o objeto concreto (o material, a sua constituição física, etc.), encerraremos este capítulo sugerindo uma interpretação mais subjetiva do ato que inicia um ritual através da defumação.

Defumar congrega os elementos da própria vida. Não só os quatro básicos constitutivos da matéria como o mais sutil. Vejamos o porquê.

Defumação

A terra se vê representada pelas ervas e pelo carvão; o fogo é o combustível necessário para obtermos a brasa; a água subjaz anteriormente no cultivo das plantas que derivaram as ervas; e o ar é o espaço por onde a fumaça se espalha. Todos eles juntos movimentam as energias superiores sutis que nos reequilibram e harmonizam (este é o éter, a quintessência da existência).

CAPÍTULO 5

Fio de contas

*São múltiplas em forma e cor,
do simples ao mais complexo.
Mas carregam em si o reflexo,
na religião, do seu valor.*

*São miçangas, sementes ou cristais
os materiais que lhes conformam.
Mas dependendo de sua forma
trazem também alguns metais.*

*Nos brajás, colares e guias,
transpassados conta por conta,
a ancestralidade reconta
as vivências de todo dia.*

*Os Orixás presentes são,
pela fé que as guias representam,
no médium, o que a coroa assenta:
sua força, paz e proteção.*

5.1 Usos do fio de contas

Adornos, como símbolos, enfeites ou amuletos, são tão antigos quanto a existência da nossa espécie. Há alguns anos, quando escrevia a minha dissertação de mestrado cujo o tema era a morte nos poemas de um escritor peruano do século XX, afirmei (e parece-me oportuno reafirmar) que através dos túmulos podemos entender uma sociedade. Porque, ao analisarmos muitos sítios arqueológicos das mais diversas culturas, podemos reconstruir uma grande parte da visão que aquela população tinha com relação a seus usos e costumes. Ao se estudarem os vestígios encontrados em urnas funerárias de muitos povos antigos é comum serem achados ornamentos pessoais que serviriam não só como itens de embelezamento para aqueles que estavam se dirigindo para o "outro mundo", mas também funcionariam como chaves mágicas ou talismãs que garantissem a entrada na "nova" vida.

Iniciamos com esta contextualização histórica para podermos ratificar a primeira frase do parágrafo acima, ou seja, os adornos são tão antigos como antiga é a humanidade, e como não poderia ser diferente, estão presentes na Umbanda. De que forma? E o que significam?

5.2 Signo de poder

Uma coroa, seja ela de ouro, latão ou mesmo a semicircunferência feita por folhas de louro, representa o poder e é uma marca de reconhecimento. Assim como outros objetos ligados à simbologia outorgada aos homens, os adornos, desde tempos imemoriais, foram – e são – a interpretação visual de alguma crença.

Fio de contas

Mais especificamente, iremos nos referir à questão dos colares (os fios de contas ou guias como mais comumente são chamados) que vemos os médiuns usarem em um terreiro ou, até mesmo, em alguns casos, de forma mais ostensiva, em ambiente externo ao templo.

> Uma observação oportuna se faz necessária quando tocamos no assunto da utilização das guias fora dos terreiros.
>
> Em tempos em que galopam as intolerâncias, não diríamos que é um perigo ir a público usando as guias representativas das religiões afro-brasileiras. Em alguns casos, usá-las pode ter um significado de conquista do respeito a sua fé. Há, por exemplo, eventos de Umbanda, Candomblé ou outras religiões em praças, teatros e outros lugares onde as pessoas vão "vestidas" com suas roupas de santo. Não existe nenhum problema com relação a isto. O alerta reside somente na atenção de se estar de forma isolada andando pelas ruas levando à mostra seus colares ou outros indicativos que definem a fé que professam. Sabemos que, neste momento, o leitor poderia nos perguntar: Isto somente para os adeptos das religiões afro-brasileiras? A resposta, não desconhecida da maioria das pessoas, é: "Infelizmente, sim." Sofremos, sem sermos vitimistas, muito mais preconceitos do que a maioria das outras crenças. Não podemos afirmar que exclusivamente os seguidores das religiões de matrizes africanas são alvos das críticas, mas, basta que vejamos as diversas mídias que divulgam absurdos e abusos com relação às nossas práticas religiosas. Contra fatos não há argumentos (nem desculpas).

5.3 O ESPAÇO MÁGICO

O mistério das guias é tão amplo como vasta é a nossa religião. Não poderemos esgotar o assunto ou mesmo determinar um padrão. O que faremos aqui será delinear uma visão sobre estes objetos magísticos que compõem o ritual umbandista.

Convém deixar claro que cordões e colares não são uma exclusividade da Umbanda. Padres usam crucifixos e escapulários, hinduístas usam colares de flores, indígenas carregam sementes, dentes e penas, candomblecistas, após seus rituais de feitura, têm seus "quelês"[12]. Como vemos, a utilização de objetos no pescoço ultrapassa a fronteira do tempo e das crenças.

No nosso caso, na grande maioria das tendas, é um item que de forma costumeira está inserido no "desenho" da liturgia.

5.4 AS GUIAS NA UMBANDA

Destaquei do poema a palavra GUIAS. Vejamos os seus significados mais abrangentes e seus possíveis elementos constitutivos. É importante compreender o que são e para que servem estes colares. Não podemos desconsiderar que sempre haverá diferenças de material, de tamanhos e cores que dependerão da tradição cultural a qual a Casa se vincula.

---

[12]. Uma espécie de guia (que varia nas cores e formas), mas que representa a aliança entre os orixás e o iniciado. Normalmente são utilizados nos 21 dias posteriores às obrigações feitas pelo médium nos rituais de "feitura".

Fio de contas

Os principiantes no corpo mediúnico de uma casa, mesmo que não tenham passado ainda por algum processo iniciático, de acordo com as regras e leis do terreiro, podem e devem participar das giras com, pelo menos, uma guia no pescoço. Como, na Umbanda, a compreensão de Deus está diretamente ligada à divindade Oxalá[13], e a este deus se relaciona o branco (a união de todas as cores), é comum que a primeira guia seja desta cor.

O material para se fazer uma guia é diverso, assim como o tamanho das contas. Novamente, reiteramos a afirmação de sempre: tudo dependerá da tradição e dos costumes que o terreiro adota e segue.

De um modo geral, temos guias feitas com miçangas e contas. Os materiais variam desde os derivados de elementos naturais (sementes, madeira, etc.) até os manufaturados (como os cristais e acrílicos).

Algumas Casas exigem que a confecção das guias seja feita de acordo com uma numeração específica. Por exemplo, há terreiros que indicam que as guias de seus médiuns sejam sempre compostas por um total de contas em um múltiplo de 7. Outras não estabelecem esta regra, e sim um número fixo de contas.

Além das contas, a guia apresenta na união do colar uma peça maior, de forma cilíndrica, chamada "firma". Normalmente, esta parte da guia, quando colocada no pescoço, fica localizada na nuca do médium simbolizando o elo entre a divindade e a homem.

---

13. Tal referência não rejeita a compreensão de um Deus único (chamado de Olorum, Zâmbi ou o nome que queiram dar). Mas a visão umbandista entende que desse Deus – em um conceito muito sutil – "nasce" o primeiro Orixá com todos os atributos do Criador. Por esta razão, Oxalá é invocado como o primeiro no panteão divino.

Como vimos, a guia desempenha o papel de um espaço mágico que recebe e distribui as vibrações superiores e forma um campo magnético que envolve o médium. Por esta razão – e por ser fechada –, a guia representa um círculo, e como tal, faz percorrer uma corrente energética através do fio e das contas.

Respeitadas algumas diferenças, a maioria das guias usadas nos terreiros representa, pela cor, um orixá ou uma entidade. Via de regra, cada guia simboliza uma única divindade.

Como exemplos mais recorrente, temos:

Orixá / Entidade	Cor
Oxalá	Branca
Almas	Preta e Branca
Ogum	Vermelha
Xangô	Marrom
Iansã	Amarela
Oxum	Turquesa
Oxóssi	Verde
Iemanjá	Azul claro / ou cristal transparente (azul)
Nanã Buruquê	Lilás
Obaluaiê	Preta e branca
Omulu	Preta, branca e vermelha
Ibejada	Azul e rosa
Guardiões (Exu e Pombogira)	Vermelha e preta

Fio de contas

Após confeccionadas (ou adquirida, pois alguns terreiros não se importam que o médium as compre no mercado) as guias, por indicação do plano espiritual, devem ser consagradas. Há diversas formas de fazer a consagração das guias. Ou as entregamos às entidades para que possam "cruzá-las" (abençoá-las como um amuleto de proteção), ou podem ser colocadas no altar por um tempo determinado. Ainda há a possibilidade do ritual da lavagem dos fios de conta (geralmente, lavam-se as guias com amaci[14] específico).

> Não podemos afirmar os motivos pelos quais algumas pessoas usam os fios de contas (guias) no pescoço. Se é por uma questão de modismo ou por crerem que elas podem funcionar como proteção. Mas o fato é que levar consigo uma ou mais guias requer cuidado e atenção. Trata-se de um objeto sagrado e é muito mais do que um cordão ou um adorno. Portanto, se alguém deseja usar uma guia como amuleto ou proteção, aconselhamos a que solicite maiores informações (e peça permissão) em um terreiro, com um Pai ou Mãe de santo ou outra pessoa abalizada. Somente sob as orientações de uma Casa idônea e de tradição cultural confirmada é que se deve fazer uso das guias.

---

14. Amaci é um ritual de iniciação. Geralmente, tem como fundamento a lavagem da cabeça do médium com um preparo de ervas e água designado pela espiritualidade. Por um processo associação de ideias, costuma-se chamar esse "chá" (as ervas na água) também de "amaci".

CAPÍTULO 6

Puxa o ponto

*Ao primeiro toque do atabaque
elevam-se as vozes em destaque.
No começo de mais uma gira,
saudamos o povo da canjira.*

*Na louvação, pedimos licença
e, reverenciando a nossa crença,
cantamos pra todos os orixás
que aqui virão pra nos saravá.*

*Palmas e cantos a invocar
a presença para nos guiar
de toda falange, povo e linha
que acorrem às nossas ladainhas.*

*Pra encerrar, mais uma cantoria.
no toque do ogã a melodia
diz que é momento da despedida.
Adeus, adeus, umbanda querida.*

6.1 Ponto cantado

Como poderemos notar, mais uma parte importante do culto da Umbanda revive a história da humanidade. Muitos e diversos rituais religiosos utilizaram (e utilizam) os cânticos como uma das chaves mágicas de conexão com o plano mais sutil.

Costuma-se dizer que o ponto cantado é uma prece em forma de música e sua função na harmonização de uma gira – tal como nos referimos aos ogãs – é primordial.

Devido às suas características rítmicas, métricas e de extensão (normalmente textos curtos), os pontos cantados podem ser comparados, em termos de finalidade, aos mantras das religiões orientais, pois criam um campo vibracional propício para a aproximação entre as pessoas e as divindades. As palavras e a musicalidade atuam sobre a frequência mental, favorecendo o contato entre os "mundos".

Ao se iniciarem os trabalhos em um terreiro, os pontos cantados despertam em todos a emoção e o respeito (fatores preponderantes para o bom desenvolvimento da gira). Portanto, deve-se buscar a harmonia no cantar, com a cadência apropriada (conduzida pelo som dos atabaques bem tocados). O cuidado deste quesito é uma das mais importantes partes da magia e colabora com a chegada dos guias e protetores espirituais.

Na Umbanda, os pontos são utilizados em diversos momentos de uma gira com as finalidades de saudar, invocar, louvar, despedir-se e agradecer às entidades. Além destes propósitos, há outros como propiciar o ato de bater cabeça para o Babalorixá (ou a Ialorixá), recepcionar e homenagear uma visita ilustre no terreiro, o desenvolvimento de médiuns e, também, para desfazer demandas.

6.2 Os tipos de pontos cantados

6.2.1 Quanto à origem dos pontos

Quanto à origem, podemos dizer que há dois tipos:

- os de RAIZ: enviados pela espiritualidade; e
- os TERRENOS: compostos por adeptos da religião.

Ambos os tipos são cantados nas giras. Não podemos dizer que somente os de raiz são os mais importantes e que, por esta razão, devem ser cantados para os trabalhos espirituais. Existem pontos terrenos que são verdadeiros poemas em louvor e que tocam profundamente o coração dos homens e, por conseguinte, criam um campo vibratório também propício para a comunicação entre a Terra e o Mundo Sutil.

6.2.2 No que diz respeito à função

Quanto à função que desempenham, teremos os seguintes tipos de pontos:
PONTOS DE LOUVAÇÃO: diretamente relacionados aos Orixás e guias espirituais. São cantos em sua homenagem.

Mãe d'água,
Rainha das ondas, sereia do mar.
Mãe d'água,
seu canto é bonito quando tem luar.

Iêêêêê Iemanjá
Iêêêêê Iemanjá
Rainha das ondas, sereia do mar

Como é lindo o canto de Iemanjá.
Faz até o pescador chorar.
Quem escuta a Mãe d'água cantar,
Vai com ela pro fundo do mar.

PONTO DE SAUDAÇÃO: Geralmente são entoados para render tributo às coisas relacionadas à religião. Saúdam-se o congá, os ogãs, os atabaques, os sacerdotes, etc.

Ô Salve a Pemba, também salve a toalha; (2x)
Salve a Coroa, é de nosso Zambi é o maior; (2x)
Salve a Pemba, também salve a toalha (2x)

PONTOS DE FIRMEZA: quando há a necessidade de se solicitar ao plano superior ajuda para reestabelecer o equilíbrio energético do ambiente durante um trabalho que está sendo desenvolvido.

Santo Antônio de Pemba segura a curimba, segura o congá.
Eu sou filho de pemba, eu não posso cair, eu não posso tombar.
Mas como caminhou, meu Pai, mas como caminhou meu Pai.
Mas como caminhou Santo Antônio de Pemba, mas como caminhou.

Puxa o ponto

PONTOS DE DESCARREGO: como o próprio nome revela, são cânticos que têm a finalidade de colaborar com a limpeza do ambiente (podem ser cantados nas defumações e nos momentos de passes).

Ogum bateu na terra,
no raio de Xangô,
toda poeira que sobrou
Oxum pra Aruanda levou.
Levou, levou.
Licença de Oxóssi ela ganhou.
Na onda de Iemanjá,
Iansã no barravento
prá Oxalá tudo levou.
Levou, levou...

PONTOS DE CHAMADA: evocam as entidades para a manifestação no terreiro, seja através do processo de incorporação ou, mesmo, somente pela presença no campo vibracional para que com suas energias os trabalhos sejam realizados.

Ó minhas almas,
venham me ajudar.
Minhas almas santas e benditas,
venham me ajudar.

PONTO DE DEMANDA: quando a espiritualidade reconhece que o trabalho que está sendo desenvolvido é muito mais denso ou envolve mais forças negativas do que o normal, as entidades que estão "em terra" solicitam que estes pontos sejam cantados para colaborar com a quebra vibracional daquela força menos sutil.

Xangô, meu Pai
amarra os inimigos e dá um nó.
Xangô, meu Pai,
amarra os inimigos no cipó.

PONTOS CRUZADOS: normalmente são cantos que envolvem duas ou mais linhas diferentes ao mesmo tempo.

Eram duas ventarolas,
eram duas ventarolas,
sopra aqui, sopra no mar. (2x)

Uma era Iansã, Eparrey
A outra era Iemanjá, Odociaba. (2x)

PONTOS DE SUBIDA: costumam-se cantar estes pontos não só para alertar às entidades que chegou o momento de retornar ao plano sutil, como colaborar com o processo de volta harmônica e tranquila do médium ao seu estado mais consciente.

Selei, selei,
seu cavalo selei. (2x)
Seu Ogum já vai embora,
seu cavalo eu selei. (2x)

PONTOS DE ENCERRAMENTO: Os últimos cânticos de uma sessão.

Puxa o ponto

Tambor, você fica aqui,
Tambor, vou me arretirar (2x)
Adeus Umbanda, adeus Umbanda,
Adeus Umbanda, Babalaô e Orixás (2x)

PONTOS DE SACRAMENTOS: cantados em ocasiões especiais, onde são realizadas cerimônias de casamentos, batizados etc.

Na Casa de Oxalá,
Filho vai se Batizar. (2x)
Batiza ele, batiza ele.
Batiza com ordem de Deus.
Batiza ele, batiza ele.
Ele também é filho Seu.

6.3 Salve a Canjira

Neste capítulo, optei por selecionar uma imagem do poema que merece explicação por notar que muitas pessoas que vão a um terreiro, cantam alguns pontos que fazem referência ao vocábulo, mas, algumas vezes, não sabem do que se trata. Por este motivo, falaremos sobre a CANJIRA.

As religiões que têm influências das matrizes africanas – como é o caso da Umbanda – possuem muitas referências de expressões e vocábulos ligados àquele continente. Por esta razão, ao longo do tempo, as palavras introduzidas aos cultos foram se amalgamando à língua portuguesa e, como consequência, apresentam variações linguísticas. É comum ouvir-se nomes como Obaluaiê, Obaluayê ou Abaluaiê para se referir ao Orixá. O mesmo acontece quando se saúda a figura de Exu; diz-se: Exu é Mojubá, Exu Amojubá, Exu Emojubá. E por aí vai...

Tal fenômeno carece ainda de um estudo mais profundo e, certamente, será muito enriquecedora uma pesquisa a partir das análises fonológicas, fonéticas, morfológicas, etimológicas e quantas áreas mais da linguística forem necessárias. Não é o caso deste livro, mas a observação inicial serve para situarmos a explicação que se segue.

A palavra "canjira" apresenta em termos de escritura a variação comum da confusão entre as letras "G" e "J" e do fonema /ʒ/. Assim, encontraremos o registro de "canjira" e também "cangira".

A mesma inconstância da palavra escrita está no seu significado ou tradução para a língua portuguesa. Em uma breve pesquisa pela rede mundial de computadores e alguns impressos que tenho, vemos diferentes explicações para "canjira". Algumas delas são:

- filho varão;
- dos povos Bantus, Divindade da Guerra, Bakuro, no sincretismo Yorubá, Ogum;
- local onde se realizam as giras;
- o dono da gira; aquele que manda em uma roda;
- lugar onde são realizados algumas danças religiosas[15];
- onde está assentado o Exu da casa;
- casa localizada fora do terreiro, tronqueira, casa das almas; e

---

15. PINTO, Altair. *Dicionário da Umbanda*. 6 ed. Eco: s/d. mimeo. p. 43.

- de origem *Kimbundu* (língua falada no norte de Angola), está formada por *Ka* (costume) + *njila* (giro): costume de girar[16].

Seja pela vertente que for e também por nossa vivência na religião, podemos, grosso modo, relacionar "canjira" ao espaço mágico dentro do terreiro. Não só a parte de proteção da Casa (como muitos se referem ao local onde estão assentadas as firmezas) como onde acontecem as giras. Confirmam a nossa concepção os lindos pontos cantados que dizem:

I

Na canjira de Umbanda, Orixá que comanda é Ogum.
Ele é rei do terreiro. Oi segura o terreiro, Ogum.
Ogum Iara, Ogum Beira-mar, auê Ogum Rompe Mato,
Ogum de Lei, quem está de ronda é Ogum Megê.

II

Que cavaleiro é aquele cavalgando pelo céu azul?
É Seu Ogum Rompe Mato que é defensor do Cruzeiro do Sul.
Eeê, eeá, eeê, Seu Canjira, pisa na Umbanda.

III

É de corococô, Seu Canjira.
O galo já cantou, Seu Canjira
É no romper da aurora, Seu Canjira.
Exu já foi embora, Seu Canjira.

---

16. SCHNEIDER, John T. *Dictionary of African borrowings in Brazilian Portuguese.* Hamburg: Buske, 1991, pág. 100.

Em resumo, em muitos pontos cantados de Umbanda, "canjira" representará, então, não só uma Força espiritual (como o Guardião) como também o local onde as giras acontecem.

CAPÍTULO 7

Ponto riscado

*Tela limpa é o chão do terreiro
até chegar o Guia Primeiro
que risca seu ponto com pemba
para firmar a nossa Tenda.*

*No círculo se abre o portal
de comunicação com o astral.
O seu riscado é proteção
a resguardar o nosso chão.*

*Surgem linhas, flechas e traços
desenhados no mágico espaço
como sutil assinatura
que lá de Aruanda se captura.*

*Revérbero espiritual
plasmado em plano material.
São símbolos ancestrais
indeléveis e atemporais.*

7.1 A ESCRITA MÁGICA

O texto inicial de cada explanação está se tornando, aparentemente, repetitivo. Mas não há outra forma, uma vez que, como vimos até agora, diversos procedimentos e práticas executados na Umbanda realmente remontam a história da humanidade.

Vimos questões como a incensação, os colares e os cânticos como atos existentes em diversas culturas desde tempos imemoriais.

Da mesma maneira, o assunto que ora começamos a desenvolver.

Desde as eras pré-históricas, a necessidade e a vontade de registrar o cotidiano e os projetos foram percebidas nas descobertas arqueológicas. Alguns pesquisadores sustentam que a arte rupestre tinha, pelo menos, essas duas finalidades. Parecem representar não só figuras da rotina daquelas sociedades rudimentares, como também – assim acredita-se – uma espécie de ritual mágico. Neste último aspecto, a especulação interpretativa é a de que aqueles povos poderiam acreditar que pintar os animais que seriam caçados, representar o domínio do homem sobre a fera e mesmo "contar" em desenhos as vitórias de embates entre tribos diferentes, trariam um campo energético favorável para ações futuras.

Outras culturas, mais organizadas e evoluídas para o seu tempo, como a egípcia, os povos ameríndios (Incas, Maias, Astecas), os sumérios, e tantos outros, também fizeram questão de registrar as suas histórias através de uma espécie de linguagem visual, carregada de simbologia dos seus valores, conceitos e crenças.

Todo este introito nos servirá de base ao significado de mais um dos Mistérios da Umbanda: o ponto riscado.

Convém ressaltar antes, porém, que aquilo que apresentarei não tem a pretensão de ser um tratado com regras fixas ou finita. Devido à grande importância que o ponto riscado tem na religião, devemos ter o cuidado de não "engessar" a questão e começarmos a achar que basta fazer alguns desenhos no chão (ou na tábua) para que se transforme em um ponto e tenha a função determinante de uma gira ou um trabalho espiritual. Muito pelo contrário!

A partir deste alerta, tenhamos bastante atenção ao tema (aliás, como com todo os assuntos relacionados ao mundo sutil).

7.2 Ponto riscado na Umbanda

Há, basicamente, dois momentos em que o ponto riscado acontece em um terreiro.

O primeiro é quando uma entidade já se encontra "pronta"[17] para trabalhar com o seu "cavalo" no atendimento às pessoas.

Com o acompanhamento do desenvolvimento mediúnico, o Pai (ou Mãe) de santo sabe e reconhece a firmeza com a qual o seu filho já se encontra para que a entidade incorporada possa atuar com segurança para realizar trabalhos e mesmo dar consultas.

Quando isto acontece, em muitos terreiros, a entidade, em terra, risca o seu ponto que funcionará como uma identificação.

---

17. Que fique claro que não estamos dizendo que uma entidade não é pronta. A questão tratada é a de que "pronto" aqui se refere ao perfeito entrosamento entre o médium e a entidade. Toda entidade de luz é benéfica. O que deve ser considerado é o trabalho desenvolvido entre o médium e o espírito trabalhador. A conexão e como ela se dá é que fazem deste "momento" a oportunidade de se começar a atender às pessoas.

Para que entendamos de forma bem clara, e em uma comparação muito superficial, este tipo de ponto se assemelharia ao RG da entidade. Ou seja, ali, naquele desenho carregado de simbologia, reconhecemos qual é a entidade que está trabalhando e podemos ter algumas informações tais como sua origem, linhagem, falange etc.

O ato formal de a entidade riscar o seu ponto se dá em ocasiões especiais e sempre supervisionado pelo sacerdote da Casa que dará o aval de confirmação daquele "documento".

Outra ocasião onde vemos o ponto riscado é durante algum trabalho magístico que se faça necessária a ativação de determinadas forças superiores.

E como, normalmente, esta segunda oportunidade de se utilizar a "escritura" espiritual se dá?

Alguém abalizado e determinado pelo responsável da sessão (ou ele próprio), "desenha" o ponto no chão. Também é possível que uma entidade – que realizará o trabalho espiritual – ela mesma risque o ponto. Feito isto, pode-se dar prosseguimento ao que está determinado para ser realizado.

Nas duas situações, cabe reafirmar que não estamos falando de riscos, linhas, traços ou formas sem propósito ou significado. Há alguns símbolos que são recorrentes e identificam determinadas entidades e funções dos trabalhos a serem realizados. Podemos ter uma ideia geral sobre alguns símbolos e suas ligações com entidades e Orixás, mas, de modo algum, poderemos dizer que somente quando esses desenhos são reconhecidos é que há um ponto riscado.

> Convém salientar que quando existe alguma dúvida com relação ao que está firmado, deve-se perguntar a quem riscou o significado e o poder daquela grafia. Esta prática de solicitar esclarecimentos sobre o que representa aquele ponto, muitas vezes, é feita pelo dirigente espiritual da Casa que após ouvida a explicação, aceitando o que foi dito, dá por firmado aquele ponto.
>
> Há casos em que o sacerdote pede à entidade que torne, em outra oportunidade, a riscar o ponto pois a "conexão" entre o cavalo e o guia ainda carece de mais afinidade.

7.3 Representações dos Símbolos

Reafirmamos que a "escritura sagrada dos Orixás e entidades" não é um livro finito de representações, formas e riscos. É conveniente alertar sobre as peculiaridades e particularidades de cada ponto riscado. Todos os eventos devem sempre primar pela singularidade do momento, da necessidade do trabalho e as características dos seres de luz que "baixam" em cada terreiro. Entretanto, há alguns símbolos que possuem alguns significados recorrentes e podem identificar não só a que entidade se refere como podem mostrar para os que presenciam um trabalho espiritual quais serão as forças invocadas no auxílio de uma pessoa ou situação. Vejamos alguns destes símbolos:

- **Círculo** – representa a totalidade, sem começo ou fim; simboliza Deus em sua plenitude (o Todo).

- **Sol** – como centro do nosso sistema, representa o Orixá primeiro, Senhor do Branco. Normalmente evoca a força de Pai Oxalá; é a vibração da luz divina (que dissipa as trevas).

- **Lua** – Em diversas culturas, a lua, o satélite do planeta, está relacionada ao campo emocional. Sabe-se também que a lua tem forte influência nas questões das marés. Portanto, o desenho da lua, muitas vezes, está ligado ao Orixá Iemanjá e ativação as questões psíquicas/emocionais.

- **Estrela de cinco pontas** – representando o plano divino, vincula-se ao Orixá Oxalá.

- **Estrela de seis pontas** – sendo dois triângulos em posição inversa (e interligados), significa a busca do equilíbrio. Desta maneira, pode representar a força do Orixá Xangô.

- **Raio** – Símbolo da força da natureza é o elemento que está diretamente relacionado ao Orixá Iansã. Evoca o ato de desfazer vibrações e afastar campos densos.

- **Machado** – Assim como a balança, representa a busca da justiça e do equilíbrio. Por este motivo, normalmente, se vincula a Xangô.

- **Flechas** – como um dos elementos ligados às matrizes indígenas, a flecha representa a invocação das forças da natureza, as matas, os caboclos. Assim sendo, pertence ao campo do Orixá Oxóssi.

- **Espadas** – Um dos símbolos mais comuns do Senhor do Ferro, Ogum; evoca a força para quebrar demanda; para permitir a abertura dos caminhos, etc.

- **Coração** – Símbolo de Oxum, o coração traz como seu maior significado a ativação de questões do amor, normalmente não o amor carnal e limitado dos homens, mas o divino e sublime.

- **Cruzeiro** – Ao se riscar um cruzeiro (seja somente a cruz ou mesmo aqueles que apresentam os degraus que elevam uma cruz), vemos a invocação da vibração das "almas", campo de representação e responsabilidade do Orixá Obaluaiê. Nesta mesma representação, o cruzeiro pode simbolizar a energia e presença dos pretos velhos.

- **Tridente** – Mais adiante teremos a oportunidade de apresentar de forma mais ampla a função e a representação do tridente. Interessa-nos, neste momento, dizer que ao riscar um ou mais tridentes em um ponto, estamos trazendo a atenção para o campo dos trabalhos da Esquerda (que representam, normalmente, os Exu e as Pombogira).

7.4 Tipo de pontos riscados

No trabalho espiritual há, pelo menos, dois tipos de pontos que podem ser riscados no chão. Ou se trata de uma "mandala fechada" (dentro do círculo estão todos elementos que serão acionados no plano superior para efetivar a magia); ou então outra "mandala" desta vez "aberta" que funcionará como um expansor de energia para todos os presentes.

> Há terreiros que trabalham com mandalas abertas em momentos nos quais se precisa de um espaço magístico para limpeza. É comum ver a abertura da mandala direcionada para a porta de saída.

7.5 O "LÁPIZ" DE CALCÁRIO

Selecionei para o capítulo sobre o "Ponto riscado" o elemento mencionado no terceiro verso do poema: a PEMBA.

Minha abordagem pretende ser feita sob dois aspectos. Um pelo lado concreto do objeto, sua constituição, função e seu uso na religião. O outro enfoque tratará a pemba pelo âmbito mítico, quer dizer, apresentarei uma versão mágica sobre o seu surgimento.

7.5.1 O QUE É A PEMBA?

Há registros do uso da pemba já nos rituais na África, muito antes da chegada dos escravos às Américas. Ao que tudo indica, pelos estudos etimológicos e históricos, o termo pemba é de origem bantu e significa cal[18]. Este giz de calcário, muito utilizado nos

---

18. NASCIMENTO, A. E.; FONSECA, D. R. Levantamento lexical de palavras encontradas nos centros de umbanda do município de Nova Mamoré, Rondônia e a busca etimológica dos bantuismos brasileiros. **REVISTA VEREDAS AMAZÔNICAS - NOV - N. 1, V. I, 2011**. Disponível em: <www.periodicos.unir.br/index.php/veredasamazonicas/article/download/240/255 >. Acesso em: 08 maio 2017.

rituais da Umbanda, além do mais comum em cor branca, também pode ser apresentado em cores. O uso das pembas brancas ou coloridas dependerá de diversos fatores. Sejam eles relacionados às forças espirituais que se pretendem acionar, como também quando, independente do conhecimento humano, são solicitados pelas entidades que, certamente, sabem os motivos que exigirão pembas *in natura* ou coloridas.

Na ritualística, a pemba é utilizada em sua forma inteira como um instrumento para que as entidades risquem seus pontos ou usem para fazer cruzamentos, imantações, descarrego, energizações ou consagrar objetos. Também pode-se utilizá-la em pó se os objetivos são os de limpeza, purificação ou unção das cabeças das pessoas.

A importância da pemba é tão grande na religião, que ela está associada à Lei Maior que a tudo rege e governa, tanto é assim que uma das formas de se referir aos umbandistas praticantes e atentos aos princípios da caridade, do amor e da fé é "filhos de pemba".

7.5.2 A LENDA

No campo da mitologia, diz-se que, segundo lendas africanas, a pemba "nasceu" de uma história de amor.

Uma bela jovem, de nome Mpemba, filha do rei de uma tribo, apaixonou-se por um forasteiro que andava por aquelas paragens. Ao saber do que estava ocorrendo, seu pai mandou matar o rapaz. Triste e desgostosa, Mpemba dirigia-se, todas as noites, para o rio sagrado que havia ao sopé do Monte e cobria todo o seu corpo com o pó branco que lá encontrava. Para que seu pai não percebesse o que fazia, ela se banhava na água corrente para se limpar. O ritual se repetia todas as noites até que alguns aldeões viram como a moça ao retirar o pó do corpo flutuava sobre as águas e uma espécie de massa branca em forma de cone permanecia no chão. Sigilos como este não permanecem por muito tempo ocultos. Logo, alguns súditos foram contar ao rei sobre o que ocorria. O soberano, enfurecido com tudo que soube, mandou matar a todos, inclusive aquelas pessoas que foram lhe revelar o segredo de sua filha. Contudo, como todos os que acorreram ao rei para delatar os atos de Mpemba também haviam passado no corpo a massa branca deixada no chão após a jovem se banhar; eles, de alguma maneira, foram beneficiados pela proteção daquele pó, pois, magicamente, a cólera de pai desapareceu e ninguém foi morto.

É a partir deste poder capaz de desfazer a ira e impedir uma atitude desmedida que o pó de calcário se tornou o objeto místico e necessário para aplacar e destruir feitiços e demandas.

CAPÍTULO 8

Orixás

*Abrem-se as cortinas, então
ao se escutar "Louvado seja".
Para iniciar a benfazeja
cerimônia de saudação.*

*Louvando o terreiro e o congá.
Oxalá, que é de todos Pai,
vinde nos valer, nos honrar,
e a nossa vida iluminai.*

*O nosso canto, a cada um,
com sincero fervor, recebe.
Pais e Mães que de lá do Orun,
as nossas vidas fortalecem.*

*Salve Iemanjá, Xangô e Ogum,
e também Oxossí e Oxum.
Saudamos Ossaim, como a Iansã,
Obaluaiê, Omulu e Nanã.*

8.1 Os Orixás são trazidos para a América

O tema afeto a este capítulo não é de todo simples. Todavia, cabe uma ressalva. A dificuldade não se dá devido a serem os nossos amados Pais e Mães Orixás seres complicados. Somos nós, os humanos, quem complicamos as questões tantas vezes.

Tentarei, ao longo das próximas página, da forma mais clara possível, explicar o papel que têm os Orixás na Umbanda. Vamos passo a passo, sem muitas voltas, descrever esta parte tão importante para a nossa religião.

O primeiro tópico a se registrar (e resgatar como estamos falando a longo de todo o livro) é uma das características mais marcantes da Umbanda: ela é uma religião que "nasce" do amálgama de diferentes matrizes que nas terras brasileiras se encontraram por diversas questões. A Umbanda não é só oriunda da África (ainda que suas marcas sejam muito grandes). Somos tanto africanos quanto europeus (principalmente pelo viés da religião católica) e indígenas. Isto sem contar com algumas influências advindas também do Oriente.

Pois bem, retornemos à questão dos Orixás. São eles o marco inquestionável da nossa raiz africana. Este é o primeiro ponto que deve ficar claro!

Prossigamos!

Surgem, então, algumas perguntas que pretendemos responder no transcurso do texto:

1. Todos os Orixás cultuados na Umbanda são africanos?
A resposta já está nos parágrafos acima. Sim, todos!

2. Toda a África cultua os Orixás da mesma forma que a Umbanda?

Não! O continente apresenta uma quantidade de culturas tão diferentes que não há somente uma forma de culto. Cada "povo", segundo as suas vivências, regime governamental, estruturação social e alguns outros aspectos, tem a sua história tanto sobre o prisma factual quanto no que diz respeito às crenças e mitos. Por esta razão de formação sociocultural tão diversa é que não há uma única "religião". Existem bastantes pontos convergentes sobre a mitologia que envolve os Orixás, mas há também questões muito particulares em cada "nação".

3. Então, se existem diferentes formas de culto, como chegaram juntos os Orixás no continente americano?

Para responder a esta questão devemos nos remeter ao tempo da escravidão nas Américas.

Naquela época, eram trazidos negros africanos para servirem de mão de obra escrava. O tráfico negreiro não estava preocupado com a etnia daqueles homens e mulheres que eram trazidos. O pertencimento a determinadas culturas ou nações não era levado em consideração. O objetivo era um só: trazer escravos. Eram "quase-homens" (ou pior: "quase-bichos") trazidos todos juntos, muito parecido ao transporte de animais. Poderiam vir, inclusive, no mesmo navio, povos rivais que atravessavam o Atlântico como quem vai para o abatedouro. Naquela "mistura" estavam diferentes crenças, lendas, práticas e experiências. Imaginem se o "homem branco" estava se importando que a massa de manobra tinha diferença entre eles. Eram todos negros e pronto!

Com isso, houve uma espécie de "apagamento" das diferenças. Era uma questão de sobrevivência. Longe de suas terras natais, sob o poder do ferro e do fogo, a saída que os negros encontraram de permanecerem vivos era não lutarem entre si (apesar de haver registro de contendas internas).

Entretanto, no silêncio das senzalas, cada um trazia as suas histórias e as suas práticas religiosas, e sabiam que, se já eram proibidos de manifestarem seus cultos com respeito e dignidade, o que diria se quisessem trazer suas peculiaridades culturais? Ocultavam tudo em favor das próprias vidas.

Ainda que o homem europeu não se importasse com as diferenças que pudessem existir entre os escravos, nem mesmo os distinguissem por etnias, era fato que nem todos os negros pensavam da mesma maneira e muitos não conseguiam esquecer as rixas do passado. Mas a dor da chibata os igualava na busca de encontrar conforto e a religiosidade foi tantas vezes o consolo, às escondidas e na calada da noite. Esse misto das vivências das torturas físicas e das emocionais causadas pela saudade fez surgir um intento de solidariedade e irmandade entre os que sofriam no cativeiro.

De tais agruras e lutas, foram surgindo encontros (forçados pelas circunstâncias) de processos singulares e desta diversidade de crenças foram "nascendo" novos modos de cultuarem os seus deuses e formas de lidarem com o plano mágico/superior. Como não era mais possível que cada "nação" mantivesse as suas especificidades, o resultado foi o aparecimento de manifestações religiosas que conjugavam cultos de diferentes povos africanos em um mesmo espaço de convivência. Soma-se a minha voz, nesta explicação, o texto de outra pesquisadora dos temas umbandistas que nos revela:

> Nossos negros famintos, doentes, confusos entre línguas estranhas às suas, misturados indiscriminadamente a outras tribos (até mesmo inimigas), submetidos com tirania conseguiram, como um verdadeiro milagre, juntar migalhas e sobreviver, mascarando seus ritos milenares sob o sincretismo das formas de santos europeus ao chicote do senhorio e à imposição de um catolicismo aviltante. (PRESTES, 2010, p. 59)

Outro agente que contribuiu para transformar a diversidade em unidade estava na transmissão dos princípios religiosos, que se fundamentavam na oralidade e se encontrava distanciado no tempo. Juntaram-se, portanto, diferentes deuses, lendas, línguas e práticas, dando lugar a uma nova maneira de culto como vemos hoje nos terreiros, ilês, cabanas, etc. espalhados pelo Brasil (e por que não dizer pelo mundo?).

Todas as múltiplas realidades e especificidades deíticas africanas, de alguma forma, permaneceram nos diferentes cultos pelas "bandas de cá". Muito provavelmente, estes fatores nos ajudam a justificar as observações sobre a complexidade do tema aqui mencionado no primeiro parágrafo sobre os Orixás.

Temos então o seguinte quadro com relação a estes povos que no Brasil foram "juntados": Se nem todas as práticas religiosas africanas costumavam render homenagem a todos os Orixás (como hoje vemos nas religiões afro-americanas), a solução encontrada foi a da reinterpretação do mundo mítico e místico. Tal ressignificação se instaurou a partir da distância física da terra natal como uma forma de minimizar o sofrimento do exílio.

Não entendamos que as religiões de matrizes africanas passaram a ser um amontoado sem critérios de diferentes crenças em um só espaço. Longe de ser uma desorganização, a convivência e as experiências foram moldando uma forma de culto. Nascem assim as religiões como o Candomblé, o Catimbó, a Umbanda, etc.[19]

Para que fique ainda mais clara a nossa ideia, resgato, outra vez, as afirmações de alguns pesquisadores que dizem sermos muitas "Umbandas" na mesma a religião de Umbanda. E como isso ocorre? Temos alguns princípios básicos como a tradição oral e a ausência de regras dogmáticas que nos permitem sermos flexíveis nas formas (pelas diferentes influências regionais e étnicas), mas fiéis na crença.

4. Se os negros eram proibidos de manifestarem suas crenças, como mantiveram seus rituais?

No capítulo 2 (em *2.2 Oxalá é Jesus?*) explicamos, ainda que de modo muito resumido, a "saída" encontrada pelos escravos para, minimamente, continuarem seus cultos: o sincretismo.

Ao conviverem com seus "donos", os africanos observavam as formas de prática religiosa e as crenças europeias (principalmente do catolicismo). Além disto, os homens brancos acreditavam que poderiam "converter" os negros à sua religião. Tanto a observância

---

19. O objetivo do livro não é a apresentação da linha cronológica do aparecimento das religiões. Porém, cabe ressaltar que as religiões que possuem influência de matrizes africanas não surgiram na mesma época.

do cotidiano como a "imposição" da crença cristã colaboraram para deflagrar uma forma de enganar os "sinhôs" e "sinhás": "– *Vamos fingir que estamos fazendo o que eles querem!*"

Como sabemos, o panteão africano é tão vasto quanto o católico. Assim, a tarefa era a de associar as características mais marcantes dos Orixás às virtudes e personalidades dos santos católicos. Surgia assim, o processo sincrético. Por exemplo, um altar poderia ser erigido em homenagem à Nossa Senhora da Conceição, mas o pensamento e as preces dos negros eram dirigidos à deusa Oxum.

8.2 Os orixás na Umbanda

A partir das explanações acima, vejamos qual o papel dos Orixás na Umbanda.

Por ser uma religião que acredita na comunicação com o mundo sutil, a Umbanda lida com a sensitividade de seus médiuns através do processo de incorporação de seres espirituais. No âmbito dos ancestrais divinizados (esta é uma concepção iorubana), há uma plêiade grande de nomes e de histórias que ora se complementam, ora se distanciam. Há narrativas, em lugares diferentes, sobre a cosmogonia e as idealizações das divindades africanas que se tangenciam em características, apresentam similaridades, mas há também outras que são tão particulares que se aproximam da exclusividade. O que queremos dizer com isso? Há uma gama tão grande de diferentes histórias e uma multiplicidade de crenças advindas de diversas regiões da África, que se torna quase impossível mapear toda a genealogia dos Orixás.

Seja pelo ângulo que for, o espectro cultural, espelhado na existência de tantos deuses, trouxe para as religiões afro-brasileiras uma variedade riquíssima de expressões e manifestações nas formas de cultuar as divindades.

Chegamos assim a uma primeira conclusão: a gênese dos Orixás se localiza nas expressões africanas. Isto é fato. Entretanto, devemos salientar que o modo como esses deuses e deusas são venerados no Brasil nem sempre será sobre os mesmos pilares de credos, lendas e mitos da África. Em outras palavras, temos uma "releitura" brasileira dos deuses africanos.

> Não entraremos na discussão das diferenças, uma vez que não é o foco deste livro. Há muitos estudos e pesquisas excelentes que podem ampliar o tema quando comparam as origens dos Orixás sob a perspectiva africana e as suas reinterpretações longe daquele continente após os encontros com outras culturas.

Partamos, diretamente, da sentença de que a Umbanda cultua os Orixás. Os pontos que nos interessam aqui são: Quais são esses Orixás? E o que representam nas diferentes manifestações da Umbanda ("nas Umbandas da Umbanda", como gostamos de nos referir com relação as diferentes formas de evidenciar a religião)?

Comecemos pela etimologia da palavra. De origem Iorubá, "ori" significa "cabeça" e "xá" pode ser traduzido por "dono" ou "senhor". A própria conformação do vocábulo por si só já nos revela muito do significado dos Orixás nas religiões de influências das matrizes africanas. São eles os "donos da cabeça" de seus adeptos.

Orixás

Por este motivo é que os umbandistas creem que há sempre um Pai e uma Mãe "de cabeça" para cada um de nós. Um Orixá masculino e outro feminino que "regem" a vida de seus filhos.

A determinação da filiação é anterior ao nascimento dos homens e se vincula a critérios não alcançáveis pela compreensão humana. A revelação da paternidade faz parte dos processos ritualísticos que variam de acordo com as formas culturais que embasam cada terreiro.

Em algumas Casas, o Zelador é quem revela para os membros da corrente mediúnica quem são os seus pais. Muitas vezes, isto acontece através do jogo de búzios, ou pela revelação direta da entidade regente do terreiro que "diz" de quem o médium é filho.

Há também, em alguns casos, a manifestação direta do Orixá, em uma incorporação durante uma gira e a partir desse momento, conhece-se "os senhores do ori" de quem está manifestado.

Como já foi informado mais acima, existem tantos deuses no panteão africano que não seria possível relacionar todos. Mesmo sabendo que persistem algumas discussões sobre o culto a determinados orixás ou a exclusão de outros, não entraremos no mérito da existência de determinados Orixás em uma Casa ou a sua ausência. Discorrerei – apenas com o objetivo ilustrativo – sobre os mais recorrentes na religião.

De todos os Orixás cultuados, alguns são os mais reverenciados nas diferentes formas de praticar a Umbanda. São eles:

A Umbanda bem explicada

Orixá	Característica geral	Sincretismo*
Oxalá	O grande orixá, Senhor do silêncio, do equilíbrio e da tolerância.	Jesus Cristo
Iemanjá	É o princípio; representa as profundezas do inconsciente; concede o equilíbrio das emoções.	N. S dos Navegantes N S Candelária N S da Glória
Xangô	Senhor do fogo, do trovão e das pedreiras. A justiça é o seu dom.	São Jerônimo São João Batista São Pedro
Oxum	Simboliza a maternidade, doçura e fertilidade. Aguça os sentidos, transborda sensualidade e amor.	N S da Conceição N S Aparecida N S das Candeias
Ogum	Senhor da guerra. Dono da forja e das ferramentas que o representam.	São Jorge São Sebastião Santo Antônio
Iansã	A força dos ventos, Senhora dos elementos. Feminilidade, mas não passividade. Temperamento livre e destemido.	Santa Bárbara
Oxóssi	Senhor da caça, das matas e do conhecimento.	São Sebastião São Jorge
Obaluaiê/Omulu**	Senhor da transição entre os planos (vida/morte) e da cura.	São Lázaro São Roque
Nanã Buruquê	A experiência, o entendimento do destino, nascimento, vida e morte.	N S Sant'Ana

* A grande maioria das referências se centra no sincretismo utilizado no Rio de Janeiro e na Bahia.
** Alguns terreiros compreendem como dois orixás diferentes, enquanto outros assumem como duas referências ao mesmo deus.

Estamos cientes de que existem alguns terreiros de Umbanda que cultuam outros deuses africanos além dos mencionados (como Ossaim, Obá, Oxumaré, etc.). Da mesma forma, há Casas que entendem algumas manifestações divinas, por suas peculiaridades, como sendo Orixás diferentes, como é o caso de Obaluaiê e Omulu, de Iansã e Oyá, entre outros. Todavia, respeitando cada maneira de ver e cada tradição, manter-me-ei fiel ao propósito do livro que é apresentar uma pequena reflexão sobre o tema central de cada poema.

8.3 SARAVÁ OS ORIXÁS

O destaque que queremos dar neste capítulo para ampliar um tema que aparece no poema "Orixás" será sobre as SAUDAÇÕES.

Muito recorrente nas giras de Umbanda, as saudações aos Orixás fazem parte do ritual que imprime força e abrem os portais da comunicação entre os planos físico e espiritual. De um modo geral, o dirigente da Casa, quando começa a louvar os Orixás da Umbanda, saúda-os como forma de homenageá-los. Ao usar as expressões que os representam, todos do corpo mediúnico e, inclusive, a assistência, reconhecem quem é o Orixá "chamado" e respondem às saudações também como uma forma de reafirmação do louvor. Entende-se que, naquele momento, estão sendo invocadas a proteção, a força (o axé) e a presença daquela deidade.

> Para prosseguirmos com as explicações, apresentamos outras perguntas que nortearão o texto:
> 1. Ao longo de tantos anos de tradição das cerimônias umbandistas, entendemos e conhecemos tudo que cantamos ou dizemos (pela repetição e imitação) durante uma gira?
> 2. Tal indagação não é bem oportuna no assunto que estamos desenvolvendo?
> 3. O que estamos dizendo quando repetimos uma frase, em outra língua, sem conhecermos o seu significado?

Alguns teóricos e místicos dizem que o poder da palavra é transformador e, ainda que sem entender o conteúdo do que se diz, ao se proferir, com correção, expressões mágicas, como os mantras, por exemplo, pode-se movimentar um campo energético capaz de modificar situações e sentimentos.

Concordamos com a assertiva acima, não obstante, acreditamos que podemos acrescentar outro enunciado à ideia e tornar mais efetivos os resultados ao proferirmos palavras de poder: Se pronunciar expressões mágicas nos auxilia, certamente, repeti-las, ainda que em outro idioma, mas conhecendo o seu significado, potencializamo-las ainda mais.

Vejamos algumas das saudações aos Orixás que ouvimos nos terreiros de Umbanda.[20]

---

20. Não devemos nos esquecer de que as traduções nem sempre são completamente literais. A arte de traduzir é uma das tarefas mais complexas em relação aos idiomas, pois as palavras carregam significados culturais que algumas vezes não se consegue a translação correta. Como dizem alguns especialistas no assunto: "tradução-traição".

Orixás

Orixá	Saudação	Significado
Oxalá	Epa Babá	• "Babá" significa "pai" e a exclamação "epa" confere surpresa e admiração à honrosa presença.
Iemanjá	Odo-fe-aba (ou Odociaba)* Odoyá	• Odô se refere à "rio" (água); • fê pode significar "amada"; • iyàagba se relaciona à "Senhora" Logo, as duas saudações significam "Amada Senhora dos rios (ou das águas)!
Xangô	Caô Cabecilê (Kawó Kabecilê)	• Ká (permita-nos); • wô (olhar para); • Ka biyê si (Alteza Real); • le (complemento de cumprimento a um chefe). O significado da expressão seria então: "Permita-nos olhar para Vossa Alteza Real!" Ou, podemos ainda entender como "Venham ver o Rei".
Oxum	Ora ie ie ô	• "ie" é uma saudação. • Salve à doce (bondosa) mamãezinha.
Ogum	Ogunhê (Ogum iê) Patakori, Ogum	• Salve Ogum! • Pataki (principal) + ori (cabeça) = O senhor da minha cabeça.
Iansã	Eparrei	• Epa – saudação • Hey – saudação ao raio • Salve a Senhora dos raios.

Orixá	Saudação	Significado
Oxóssi	Okê Arô	Okê (monte) e Arô ou Arou (é um título de honra dado a um caçador). O significado da saudação é "Salve o grande caçador"
Obaluaiê/Omulu**	Atotô	Pedido de silêncio em respeito a quem está no recinto. Significa: Silêncio, ele está entre nós!
Nanã Buruquê	Saluba	Saudação à Orixá mais velha entre todas. Senhora das águas turvas.

* Por estarmos nos referindo às transmissões orais, há algumas diferentes formas de pronunciar determinadas palavras. Este fenômeno linguístico é muito comum nas religiões de matrizes africanas no Brasil.

** Alguns terreiros compreendem como dois orixás diferentes, enquanto outros assumem como duas referências do mesmo deus.

CAPÍTULO 9

Dia de Gira

É dia de gira, no terreiro.
O congá todo enfeitado está.
Os atabaques já a invocar
o chefe da casa primeiro.

Hora de os Orixás saudar.
Em seguida, caboclos guerreiros.
Chegam baianos e boiadeiros
com seus axés e saravás.

Uma noite plena de luz
co' as entidades da Direita,
que na caridade perfeita,
a missão da Umbanda traduz.

Pela magia de suas presenças,
a justa homenagem rendemos
no pedido que lhes fazemos
pr'á confirmar a nossa crença.

9.1 "Ô DEIXA GIRA GIRAR"

Algumas vezes já alertei aqui sobre os pontos sensíveis da compreensão da Umbanda, seja pela perspectiva dos que não conhecem a religião – e por isso, recriminam ou criticam por falta de informações –, ou então – o que é mais sério – pela voz dos adeptos e praticantes umbandistas que se arvoram em acreditar que somente as suas práticas são as "corretas".

> Certa vez ouvi uma frase que é um verdadeiro silogismo: "O seu terreiro é de Umbanda, mas a Umbanda não é somente o seu terreiro". Tão simples como séria, a ideia revela exatamente o que ao longo das páginas deste livro tenho afirmado: a nossa religião é tão plural e abraça a todos, cada qual a sua maneira, que não podemos defini-la somente a partir das vivências pessoais. Todo terreiro é bom, desde que atenda às necessidades de seus frequentadores. Toda Casa umbandista é correta, desde que aqueles que a ela acorrem se sintam em paz.
> Obviamente há diferenças de práticas. Algumas Casas possuem influência maior de determinadas matrizes em detrimento de outras, mas isto não quer dizer que não é Umbanda. Sabemos o que não é Umbanda: é não seguir os princípios da caridade, é permitir distorções com respeito ao mundo espiritual. Umbanda não é uma casa que alimenta a vaidade e aguça a disputa entre os médiuns. Umbanda nunca foi a comparação de uma entidade sendo melhor que outra. Esse não é o "espírito" da Umbanda.

Dia de Gira

> Infelizmente, vemos surgir muitos locais que se dizem umbandistas, mas que estão tão afastados daquilo que nossa religião prega e pratica que só aumentam as críticas dos que desconhecem um terreiro. Não raro é ver placas e papéis colados nas ruas dizendo que "Vovó Fulana" traz seu amor em três dias, que "Cigana Tal Qual" amarra e desamarra. Como se não bastassem essas "umbandas de postes" (com minúscula, bem minúscula), as redes sociais estão cheias de vídeos onde as supostas "entidades" se comportam como verdadeiras representantes de espetáculo circense.
>
> Porém, longe de esmorecer nossos propósitos, os equívocos e ideias errôneas de alguns só aumentam a nossa missão de trazer a público os fundamentos da real religião brasileira chamada Umbanda.

Após esta pequena, mas necessária, digressão, gostaria de iniciar a parte dissertativa do capítulo avisando mais uma vez que devemos ter a mente aberta para compreender que a religião de Umbanda, por não estar codificada em um livro que sirva de norma ou dogma, não é única em sua expressão. Já me referi aqui também ao modo de entendê-la como "as Umbandas da Umbanda".

E por que tantas recomendações para a leitura assim?

Porque abordaremos o tema da DIREITA – um dos pilares da nossa religião – e que, dependendo da Casa ou da tradição, poderá variar na interpretação.

Revisemos alguns fundamentos que são reconhecidamente constantes nas diversas formas de práticas umbandistas: a defumação, o culto aos orixás, os pontos cantados, o uso da pemba, a incorporação de entidades como os Caboclos, os Erês e os Pretos Velhos. De modo mais geral, tais fundamentos são notados nas diferentes Umbandas.

Outra constante na estruturação da religião são os seus pilares. A Umbanda se apoia, grosso modo, tal como um corpo que se equilibra, em duas bases de sustentação que são a Direita e a Esquerda. Entretanto, pela vivência e experiência que já temos, o entendimento destes dois suportes também apresenta algumas variações na concepção.

O poema "Dia de Gira" descreve uma sessão desde os primeiros instantes de abertura até a chegada das entidades para o trabalho espiritual. No 10º verso, a referência à Direita é clara e notória. Vejamos, agora, o que a configura (ou melhor, quais são algumas das possíveis formas de compreendê-la).

9.2 A Direita na Umbanda

Assim como os pares complementares da vida (não chamaremos de opostos), a Umbanda se compõe dos campos energéticos conhecidos como Direita e Esquerda[21].

A Direita é mais facilmente compreendida e menos preconceitos sofre, pois, de alguma maneira, por notícias difundidas pelos

---

21. Infelizmente, algumas pessoas ainda associam a "esquerda" a algo maléfico ou ligado ao "lado negro da alma". Para os umbandistas esta não deve ser a visão. Em outro capítulo falaremos sobre a "esquerda".

meios de comunicação, está mais associada às questões étnicas da religião. Fala-se no sincretismo dos Orixás e Santos católicos (a questão do acolhimento que já nos referimos em outro capítulo), bem como também é mais fácil entender os espíritos que trabalham em uma sessão da "Direita" a partir de suas histórias como homens e mulheres que viveram na terra sob a forma de negros, indígenas (adultos ou crianças), médicos, etc.

Existem algumas interpretações que divergem na segmentação entre as duas "bandas" da Umbanda. Existem Casas que fazem suas sessões intituladas de Direita da seguinte maneira: iniciam-se os trabalhos saudando os Orixás (muitas vezes, estes vêm à Terra para dar o seu axé à assistência), depois dá-se passagem às entidades como Caboclos, Crianças ou Pretos Velhos, dependendo do "tema" da gira.

Outras Tendas, entendem que Pretos Velhos, acompanhados da Esquerda, formam a Linha das Almas e, portanto, não figuram, de forma rotineira, em uma gira de Direita. Há também algumas casas que entendem que determinadas falanges podem se apresentar por vezes na Direita e outras na Esquerda. Como é o caso dos Boiadeiro e Malandros.

> Como podemos notar, há uma variedade de interpretações e todas devem ser respeitadas. Mesmo com tamanha diferença de possíveis práticas no culto, o que não podemos perder de vista – e é o mais importante – está em nossa percepção de que todo o trabalho espiritual deve ser feito a partir dos princípios norteadores da religião: fazer o bem e prestar a caridade.

9.3 Okê, Caboclo

Sem perder de vista a estrutura do livro, destacarei, para ampliar a questão, a figura de uma Linha que trabalha na Direita da Umbanda: os CABOCLOS.

9.3.1 O que é caboclo?

A partir das diferentes acepções que o vocábulo tem para nós, falantes da língua portuguesa, podemos entender a importância dos Caboclos na Umbanda. A primeira, por significar o mestiço nascido da união entre branco e indígena, carrega consigo um dos caráteres formadores da nossa nacionalidade. A segunda interpretação, ao associar a palavra ao homem mais rústicos e/ou habitante das regiões mais interioranas do país, reafirma o sentido de brasilidade. Uma terceira vertente no uso da palavra, mais relacionada ao povo aqui existente, anterior à chegada dos portugueses, também concede um sentido de pertencimento da religião às terras brasileiras, ou seja, o "Caboclo" é a figura do próprio índio.

Nos cultos religiosos umbandistas, caboclos e caboclas são seres espirituais que se destacam por seus conhecimentos relacionados à terra e à magia da natureza. Sabem os segredos das ervas, utilizam os quatro elementos como forma de auxiliar os necessitados, movimentam com suas danças as energias, dissipam as névoas astrais, em suma, são curandeiros, pajés e videntes.

9.3.2 Os caboclos na Umbanda

Os caboclos nos terreiros se apresentam de diversas maneiras. Algumas Casas permitem que usem cocares, arcos e flechas, outros não. Estes guardiões dos valores das matas podem se valer do uso do fumo (como charutos, cachimbos e cigarrilhas) para os trabalhos ou de folhas e galhos para realização dos rituais.

A Linha dos Caboclos, por associação direta de suas vivências nas florestas, responde ao campo vibratório de Oxóssi. Isto não quer dizer que todos os caboclos pertencem exclusivamente às falanges deste Orixá. Uma explicação que elucida a dúvida está no nome pelo qual a entidade se apresenta. Por exemplo, um caboclo que se apresenta com o nome de "Pena Branca" é reconhecido por estar na vibração de Oxalá (nomes com referências a "branco", normalmente, estão relacionados a Oxalá). Um caboclo que se apresente como "Ventania", por sua raiz vocabular ligada a "vento", vem na vibração de Iansã. Há ainda caboclos que podem se vincular a mais de um Orixá, como é o caso de "Rompe Pedreira", pois verbos como "romper" se ligam a Ogum e substantivos como "pedreira" a Xangô.

Resumindo, os caboclos, por suas características macro de ligação com a natureza, estão sob a égide de Pai Oxóssi. A isto se soma o campo vibracional do nome com o qual o caboclo se apresenta e que pode vinculá-los a outros Orixás.

> Outra característica da vinculação dos Caboclos de uma forma mais abrangente à linha do Orixá das Matas está na saudação feita a essas entidades quando nas chamadas para o trabalho espiritual. Ao se iniciarem as sessões onde os caboclos "baixarão", o sacerdote indica para os ogãs e médiuns quais os pontos que começarão a ser cantados com o brado "Okê, Caboclo!". E como vimos no capítulo anterior, "okê" é a saudação feita a Oxóssi.

9.4 Outras Linhas de trabalho

A Umbanda, como já tivemos a oportunidade de dizer, é rica e se apresenta de muitas maneiras. Convém relembrar que cada terreiro é uma expressão da Umbanda; cada prática pode ter suas peculiaridades e especificidade.

Não seria uma justificativa simplória, mas um fato desta realidade se dá pela diversidade na qual foram se formando os cultos umbandistas. Outro fator está no tempo de "existência" da religião. Somos ainda "bebês" a engatinhar, se compararmos a outras denominações religiosas como o Cristianismo, o Judaísmo ou o Islamismo.

Não poderíamos terminar este capítulo, onde descrevemos uma Linha de trabalho tão importante para a Umbanda, como é a dos caboclos, sem abordar – ainda que de forma abrangente – outras linhas basilares da religião.

Como alertamos, ainda estamos em "formação", vemos surgirem Linhas que, lá nos idos do final do século XIX e começo do século XX, não "baixavam" nos terreiros, mas algumas outras Linhas já estão sedimentadas e merecem figurar no conjunto das explicações de nosso livro.

9.4.1 Pretos Velhos

Mesmo antes do advento do Caboclo das Sete Encruzilhadas, existem registros históricos de locais de práticas religiosas, como a Macumba carioca, onde havia consultas com espíritos de negros que diziam ter sido escravos no Brasil. Assim sendo, sem querermos ser taxativos ou dogmáticos, podemos dizer que a Linha de trabalho dos Pretos Velhos existe desde os primórdios da Umbanda.

Outro episódio relacionado ao "nascimento da Umbanda", em 1908, e que demonstra a relevância dos Pretos Velhos está no dia seguinte ao conhecido e propagado 15 de novembro. Já na casa da família do médium Zélio de Moraes, após o Caboclo dar as diretrizes da "nova religião", baixou o Preto Velho Pai Antônio e, que, segundo contam, foi a primeira entidade a solicitar algum objeto magístico para o trabalho. Pedindo um cachimbo ("seu pito"), têm início alguns dos rituais que até os dias de hoje fazem parte das nossas giras.

Como muitos outros temas ligados à Umbanda, também há divergências de opiniões a respeito da Linha dos Pretos Velhos. Alguns sustentam a tese de que os espíritos que se plasmam como negros são todos ex-escravos brasileiros, outros segmentos entendem que a "forma" com a qual se apresentam não se restringe a uma biografia africana, com o biótipo negro, trazidos nos navios negreiros. Existem ainda os que questionam a própria nomenclatura de "velho" afirmando que os escravos, devido às agruras e trabalhos forçados, não chegavam a uma idade avançada.

Todas estas conjecturas não tiram a beleza desses amigos espirituais tão amados. Isto sim é uma unanimidade!

As pessoas, umbandistas ou simplesmente aquelas que vão a um terreiro esporadicamente, dizem que se sentem envolvidas em uma atmosfera de amor diante de um Preto Velho.

Quem de nós nunca derramou uma lágrima – de dor ou de agradecimento – quando é abençoado por uma Preta Velha, que com sua voz compassada, traz-nos uma palavra de alento?

Em que pesem aquelas discussões sobre idade, etnia ou últimas encarnações dos espíritos que se apresentam como Pretos Velhos e Pretas Velhas, devemos entender o que é o arquétipo da Linha de trabalho dos Pretos Velhos.

Normalmente, são entidades que se apresentam mais curvados, sentam-se em bancos baixos (que costumam chamar de "toco"), fumam cachimbos e tomam café. De seus apetrechos para trabalhar a energia, usam vela, uma pemba para riscar o ponto, terços e rosários. As Pretas Velhas podem usar lenços na cabeça e os Pretos Velhos chapéus de palha.

Convém reforçar a ideia de que tais protótipos não são taxativamente únicos. Em muitos terreiros é assim que a Linha se apresenta, mas há variações tais como a bebida da entidade que pode ser um chá específico, vinho tinto, vinho moscatel, assim como o fumo pode ser cigarro de palha, existem Pretos Velhos que fumam charuto. Tudo dependerá da região nacional onde se pratica a Umbanda.

Outra característica muito recorrente é a fala desses espíritos. Como, normalmente, representam pessoas de pouca cultura acadêmica e que não dispunham do acesso à leitura, seus discursos são simples, objetivos e podem apresentar, inclusive, erros gramaticais.

É comum utilizarem expressões específicas, que com o tempo, vamos aprendendo a traduzir. Ouvimos, por exemplo, "vós suncê" para "você", "casuá" para "casa", "pataco" ou "gimbo" para "dinheiro" e tantos outros vocábulos.

É usual que se apresentem com nomes de santos católicos ou, então, relacionados aos lugares da África de onde veem. Existem também os que além do nome, trazem especificações de seus pontos de força e características espirituais. Desta maneira, temos: Vó Catarina de Angola, Pai Joaquim de Aruanda, Tia Maria do Cruzeiro das Almas, Vovô Benedito, Vovó Cambinda[22], Tia Maria Redonda, Velho Antão, Pai Antônio da Guiné, e por aí vamos!

São muitos os nomes e muitas as formas. O importante é entender que os Pretos Velhos e Pretas Velhas são entidades que trazem muito conhecimento de medicina natural, têm uma visão muito objetiva dos fatos da vida e possuem o poder de ajudar nas questões espirituais com grande eficiência. Sabem ensinar e são "bons ouvidos" para os queixumes das pessoas. São amorosos, mas não se enganem, não passam a mão por cima da cabeça dos que agem de forma errada. Também sabem dar seus "sermões" quando é preciso.

---

22. A palavra vem de *Cabinda*, região ao Norte de Angola, acima do rio Congo.

9.4.2 IBEJIS

Outra Linha muito característica da Umbanda são "as crianças". Vinculadas ao culto dos santos católicos Cosme e Damião, como também dos irmãos Crispim e Crispiniano, normalmente, são entidades que se apresentam como meninos e meninas de pouca idade. Ainda que haja diferenças entre as nomenclaturas de "Ibejis" e "Erês", o fato é que se trata de uma Linha de trabalho ligada às crianças, com todas as suas caraterísticas infantis (inclusive a sinceridade).

Vejamos algumas destas classificações que diferenciam Ibejis de Erês, mas não sejamos muito inflexíveis, pois como bem já salientamos, a Umbanda é plural e muito aspectos variarão de acordo com a região do país; a maior influência de origem e crenças.

Os Ibejis são cultuados em determinadas culturas da África. Considerados como pertencentes ao panteão dos Orixás, pode-se dizer que é uma divindade que se forma a partir de duas entidades gêmeas. Como dual, representam muitos aspectos do mundo que se complementam. Nas expressões religiosas mais ligadas aos cultos de nação, são reverenciados pela alegria e pureza.

Por se tratar de um orixá duplo, sincreticamente falando, são relacionados aos santos católicos acima mencionados.

Muito se confunde, ainda, nas expressões religiosas espiritualistas o Orixá Ibeji (que por serem dois nos referimos a eles como Ibejis) com o Erês.

A palavra iorubana "erê" significa "brincadeira", "diversão" e, justamente pelo fato das entidades que se manifestam como erês possuírem tais características e estarem vinculadas às crianças, pode acontecer de alguns terreiros entenderem que erês e ibejis representam a mesma coisa. Entretanto, como vimos, os Ibejis são orixás gêmeos, enquanto os erês são "encantados"[23] que se veem representados como inocentes, pueris, alegres, brincalhões, como as crianças.

Em sessões de Umbanda, normalmente por ocasião das comemorações de Cosme e Damião, e de Crispim e Crispiniano, a descontração toma conta do terreiro. Gostam de doces, irradiam alegria e bom humor. Muitos deles movimentam as energias dos que à sessão acorrem através dos movimentos de seus brinquedos (bonecas, carrinhos, aviõezinhos, etc.). Os erês trabalham muito bem no auxílio em desfazer processos energéticos complicados.

Normalmente, identificam-se com nomes no diminutivo de santos católicos e podem também trazer em seus epítetos os pontos de força de seus trabalhos. Temos "Pedrinho da Praia" (facilmente relacionado à Iemanjá); "Mariazinha da Pedreira" (na força de Xangô); Ritinha da Cachoeira (pela vibração de Oxum); "Joãozinho da Mata" (ligado ao campo de atuação de Oxóssi), entre outros.

9.4.3 Marinheiros

A "marujada", como seu próprio nome denota, está vinculada ao mar e, por conseguinte, na vibração de Iemanjá. É comum

---

23. Os "encantados" são forças da natureza que se manifestam nos terreiros e que, muitas vezes, nem tiveram encarnações terrestres.

tratar-se de entidades que tiveram alguma experiência de vida como trabalhador das profissões ligadas às águas (jangadeiros, marinheiros, pescadores, navegantes, etc.).

Muito ligados ao poder das águas (e toda a simbologia de condutor de energia), os marinheiros têm como missão o corte de demandas; são excelentes veículos para descarrego e dispersão de fluidos menos sutis.

Por seu arquétipo de navegadores, quando se apresentam nos terreiros, normalmente, parece que estão em cima de seus barcos em pleno mar. Oscilam para frente e para trás, num movimento que se assemelha, inclusive, ao de uma pessoa bêbada cambaleando.

Apesar de gostarem de bebidas fortes (rum, gin, whisky, aguardente), não se trata de uma Linha de trabalho de alcoólatras.

São bons conselheiros e auxiliam muito nas questões amorosas, uma vez que os marinheiros são considerados bons amantes. São objetivos no trato dos assuntos e buscam esclarecer as situações.

No princípio, acreditava-se que era uma Linha exclusivamente de marinheiros, mas, aos poucos, foi-se percebendo que era mais ampla. Relacionava-se a todo tipo de trabalhador ligado à água. Tanto é assim que outra forma de se referir a eles é o "Povo das águas" (incluindo os rios, as quedas d'água, mares, nascentes, etc.)

Seus nomes também os identificam como homens e mulheres marítimos. Alguns exemplos vemos em Martin Pescador, Manoel Marujo, Zé do Cais, Maria do Farol, Janaína do Porto e outros.

9.4.4 Ciganos

O encantamento e o mistério que o arquétipo dos ciganos traz são notórios. As cores, a arte adivinhatória, as cartas, punhais, lenços, danças, cantos e bailados são instrumentos de atrativo visual e de sedução.

Conhecidos na história da humanidade como um povo nômade (provável origem indiana), os ciganos são ao mesmo tempo temidos e admirados.

Apesar de pairarem algumas notícias mal contadas de que se tratam de ladrões, a verdade é que pelo histórico de perseguições e sofrimentos ocorridos, acabaram se tornando mais fechados em "seu próprio mundo". Por este motivo, acredita-se que são sectaristas. Entretanto, foi a constante busca pela sobrevivência, em suas peregrinações, que os tornou mais ressabiados no que diz respeito a compartilhar a sua cultura.

Na Umbanda, a Linha de trabalho dos Ciganos carrega consigo todas as características marcantes do povo conhecido pela alegria, sensibilidade mediúnica e respeito pelo sagrado. A natureza é a força dos ciganos. A energia que vem dos elementos é o instrumento de trabalho e consagração da magia.

Trazem a fartura (de comidas, de cores, de elementos) como marca. Assim, nas sessões específicas da Linha dos Ciganos vemos música alegre, lenços coloridos, movimentos de corpos, cantos, risos. Uma verdadeira festa. Uma celebração à vida!

Mesmo antes de se afirmarem como uma Linha de Umbanda, temos notícias de manifestações de entidades ciganas, quase que de forma individual, que surgiam, principalmente, na Linha de Esquerda.

Mas, o nosso ritual religioso, por ser muito atrativo em moldes interessantes para o povo cigano (o som, as danças, cores, etc.) fez com que, pouco a pouco, fosse se firmando como uma Linha também.

O protótipo do cigano é a liberdade, o desapego, a leveza para enxergar o mundo. Desta forma, as entidades de uma gira cigana trazem esta mensagem. Donos de conhecimentos esotéricos, em uma sessão, tais espíritos ensinam rituais, trabalhos e simpatias que visam colaborar com o reequilíbrio dos consulentes.

Desde muito tempo, as pessoas são atraídas pela necessidade e curiosidade de saber seu futuro, descobrir atos passados de terceiros e entender o momento presente pelas ações já vividas.

Razão pela qual, uma gira de ciganos é tão procurada. Mas, há sempre o alerta de que, ainda que consigam ver "a sorte", enxergar através da bola de cristal, nada é imutável. Os ciganos também entendem a fluidez da vida e as possibilidades de mudanças.

Engana-se quem busca uma cigana para repousar nas mãos dela a responsabilidade de sua vida. Os ciganos indicam o caminho, mas o andar é de cada um! Eles não "vendem" soluções, que fique bem claro!

Se comemora o "Dia nacional dos Ciganos" em 24 de maio. Data ligada à padroeira dos Ciganos, Santa Sara de Kali. Já em Portugal, as comemorações estão ligadas a São João Batista (24 de junho), pois neste dia, os ciganos daquele país festejam o santo. Também há o "Dia internacional dos Ciganos" em 8 de abril.

Dia de Gira

As saudações ao povo cigano são "Optcha" (que na língua romani significa "salve") e "Arriba" (numa clara referência a um dos protótipos de ciganos mais conhecidos: os espanhóis).

Seus nomes são de origem cigana ou carregam consigo a terminologia cigana. São Igor, Adelaide, Cigana Rosa, Carmen, Esmeralda, Ramón, Iago, Sulamita, Cigano Roni, entre tantos outros.

CAPÍTULO 10

Esquerda

Saudamos a todos guardiões
que na gira vêm trabalhar.
Presentes em nossos portões,
para nenhum mal adentrar.

Suas vestes negras ou carmim,
capas de veludo ou cetim,
rosas vermelhas ou cartolas,
gravatas e brincos de argola.

Eles se apresentam, um a um,
com o "boa-noite" a nos dizer
que nada devemos temer:
nem demanda ou qualquer egum.

Seja na encruza ou na calunga,
Numa porteira na madruga,
o tridente riscam no chão
para nos dar a proteção.

10.1 O CANHOTO E A ESQUERDA: PRECONCEITO E DESCONHECIMENTO

Tantas vezes incompreendida como criticada, a Esquerda talvez seja, de todas as facetas da Umbanda, a que mais sofre ainda as avaliações errôneas dos desinformados. A constatação mais dura desta afirmação reside não nas falas dos adeptos de outras religiões, mas sim, na concepção de frequentadores de muitos terreiros e tendas.

Quantas vezes alguns narizes se torcem quando ouvem a palavra "Exu"? Quantos associam logo a Esquerda às imagens demoníacas?

Espero que, neste último capítulo, possamos desfazer as ideias equivocadas de uma parte tão importante e representativa da religião.

Inicialmente, devemos abordar a questão da nomenclatura dada ao pilar da Esquerda.

Principalmente a história ocidental criou determinados preconceitos que se arraigaram nas tradições culturais que persistem e insistem em permanecer. Um destes está relacionado à "esquerda". Diversas podem ser as referências que "outorgaram" ao lado esquerdo o poder maléfico: no Antigo Testamento, já em sua gênese, vemos que Eva foi retirada do lado esquerdo de Adão. A mulher, aquela que o levaria ao pecado e à perdição. Outra das idealizações de salvação da alma cristã europeia revela que o Messias "está sentado à direita do Pai". Tomando como referência ainda a Escritura Sagrada da Bíblia, notamos que é a mão direita a benevolente ao lermos que "quando você der esmola, que a sua mão esquerda não saiba o que está fazendo a direita" (Mateus 6:3). Outra passagem do Novo Testamento que ratifica a eleição da "direita" como "a certa" é a que atribui à face direita o dom do perdão quando afirma que "se qualquer te bater na face direita, oferece-lhe também a outra" (Mateus 5:39).

Não devemos nos restringir às alusões bíblicas. Há registros de uma propensão a conceder ao lado direito a categoria de correto em detrimento do esquerdo em determinadas culturas mais primitivas que cultuavam o "deus sol", sabendo-se que no hemisfério norte "o astro rei" parece mover-se no sentido horário, para a direita. A Idade Média, e todos os seus desmandos, muito provavelmente impregnada pela absorção de tantas crenças seculares, execrou e queimou muitos hereges por serem canhotos.

Como podemos perceber, a "esquerda" passou a ocupar um lugar nada agradável de destaque em nossa história (principalmente ocidental).

Desta perspectiva entre certo e errado (direita e esquerda) é que "nasce" a visão menos agradável das falanges da Esquerda.

Somam-se à rejeição da lateralidade esquerda duas outras perspectivas culturais: a primeira está no mal fadado hábito de separar tudo do mundo visível entre bom e mau (e por consequência, transporta-se isto para o mundo espiritual); a segunda vertente encontra eco na difusão de imagem das primeiras práticas cristãs europeias que criaram (criar mesmo no sentido de inventar) a imagem do diabo para contrapô-lo ao Ser Divino (único caminho da salvação da alma).

Em resumo, temos diversos argumentos que favoreceram a construção de um cenário maléfico para a Esquerda.

10.2 Os Exus e as Pombogira

Criado o "monstro" pela propagação da história, a mais difícil das tarefas é a busca para desfazer a inexata visão do "outro polo sustentador" das religiões de matrizes africanas.

Os Exus, as Pombogiras e todas as demais entidades que se apresentam nas sessões de Esquerda terminaram por serem vistos como assustadores e estarem associados à ideia de fazedores de maldade para os homens.

> Tranquilizemo-nos. Não é nada disto! Exu não é o diabo e Pombogira não é prostituta!

Na Umbanda, a concepção de "Direita e Esquerda" não se fundamenta como pares de opostos – como tivemos a oportunidade de falar no capítulo anterior. Nossa compreensão em muito se assemelha à simbologia oriental do Yin-Yang. A integralidade do ser está composta pelas partes que se interligam e se completam. Assim são os pilares da Umbanda (a Direita e a Esquerda): polos que se complementam.

Embora muitos ainda não compreendam desta maneira e persistam na crítica (pelo desconhecimento), nós, umbandistas, sabemos da relevância da Esquerda para a religião. Há um ponto cantado que muito bem traduz a sua importância: "Numa banda sem Exu/ Não se pode fazer nada"

Considerando a afirmação acima, entremos pelas veredas do esclarecimento e busquemos desmitificar aquela imagem nefasta que muitos têm quando escutam as palavras "Exu" e "Pombogira"

Esquerda

O primeiro passo é desassociar as figuras dessas entidades ao mal ou ao "maligno" (desculpem, mas o autor se recusa a escrever este nome com letra maiúscula).

Ainda que, em muitos assentamentos e Casas de Exu, em terreiros, vejamos imagens com chifres, caras de caveiras e etc., os "compadres e comadres" não se vinculam à concepção ocidental/cristã do diabo. Tal aparência representa muito mais a função que eles têm nos trabalhos espirituais do que uma "transcrição" de suas formas físicas. Melhor explicando, é de nosso conhecimento que Exus e Pombogiras são as entidades que têm permissão para "descer" a regiões mais abissais e sombrias (onde se encontram almas-perdidas) para buscar alguns que, por diversos motivos, recebem outra chance de resgate. Ao se antropomorfizarem com esse aspecto diabólico, têm mais facilidade de transitar entre os "habitantes" daqueles lugares sem chamarem muita atenção e poderem realizar suas missões de forma efetiva.

Outra informação elucidativa sobre as entidades da Esquerda é a ideia de que muitos dos que se apresentam como Exus e Pombogiras tiveram experiência carnal. Este fato justifica muito bem a noção de "proximidade" deles com os consulentes de uma gira. Por terem vivido como seres humanos na Terra, são entidades que compreendem os sentimentos dos homens, pois sofreram "na pele" as mesmas questões, dúvidas, paixões, vontades e desejos.

Desfeita à associação sincrética (e imposta pelas religiões dominantes das épocas escravocratas, principalmente) dos Exus ao "diabo cristão/europeu", passemos à segunda fase do texto que é conhecer quem são as entidades que trabalham na Esquerda da Umbanda.

10.3 Exu Orixá – Exu Entidade

Há uma diferença que devemos estabelecer entre Exu-Orixá e Exu-entidade.

O Orixá pertencente ao Panteão de deuses africanos é cultuado em religiões como o Candomblé e se insere nos mitos de formação do mundo trazidos pelas nações daquele continente. Exu é conhecido como o Senhor dos Caminhos e antes de qualquer trabalho, deve-se prestar homenagem a ele.

Já na Umbanda, exus-entidades são aqueles que constituem o pilar da Esquerda e, como já mencionamos, foram homens e mulheres que depois de desencarnados receberam a incumbência de trabalhar para o auxílio dos que buscam a religião em momentos de angústia e dor.

Há uma máxima usada na grande maioria dos terreiros de Umbanda que diz que "Exu e Pombogira não fazem o mal". Caso, alguma pessoa não muito bem-intencionada chegue a uma gira de Esquerda e queira pedir a uma entidade para fazer alguma coisa danosa ou prejudicar a quem quer que seja, o correto é que aquele espírito manifestado além de não se prontificar a fazer o trabalho, deve mostrar para o pedinte o quanto o seu desejo pode ser maléfico para ele mesmo.

> A Umbanda não amarra ninguém, não machuca as pessoas, não faz trabalhos para matar ou destruir vidas.

Mas algum dos leitores pode já ter ouvido falar que existem Casas que atendem pessoas que, movidas pela raiva, chegam a um terreiro e pedem algo de mal para outros. A pergunta que ronda nossas cabeças é: Então, há terreiros de Umbanda que fazem mal?

> Antes de prosseguir o texto, quero deixar em letras garrafais a resposta: SE UM TERREIRO ABRE ESPAÇO PARA "FAZER O MAL", CERTAMENTE NÃO É TERREIRO DE UMBANDA.

Eis o ponto sensível da religião! Exus e Pombogiras são mensageiros entre os dois mundos (físico e sutil). Eles estão a serviço dos homens para auxiliar nos seus problemas terrenos. Cabe a cada zelador e zeladora de santo o cuidado e a atenção na doutrina das entidades que "baixam" em seus terreiros e mostrar para eles que o mal não se faz e que ali, naquela Casa, não se admite que sejam feitos. Como dissemos, a Umbanda não faz o mal, o mal está dentro dos homens, que levados pelo rancor, a frustração, inveja e ciúme, perdem-se na tentativa da vingança. A Umbanda tem que mudar – para melhor – os homens. Esta é a função precípua da religião.

> Algumas pessoas têm dúvida sobre a escolha de um "bom" terreiro para frequentar. Uma sugestão para o rol de itens a serem verificados é justamente este: saber se a Tenda acolhe entidades que fazem trabalhos para prejudicar alguém. Tal fato denota a forma como o local encara a responsabilidade que a religião carrega para a evolução da alma.

10.4 Saudando a Esquerda

Vejamos alguns significados de palavras e expressões usadas nos trabalhos da Linha da Esquerda na Umbanda.

Comecemos pela explicação dos nomes das entidades.

Segundo alguns estudos etimológicos, Exu significa "esfera", e como tal, é a entidade do movimento. Além disto, se ancorarmos a figura de Exu às diferentes nações africanas outros nomes se associarão a ele: Aluvaiá (nação de Angola), Pambu Njila ou Bongbogirá (Banto); Legba (África Ocidental) e tantos outros nomes. Muito provavelmente, o nome Pombogira (ou Pombagira) é uma corruptela da referência da tradição Banto.

Respeitadas algumas diferenças de pronúncia e formas como chegaram à língua portuguesa por distintas tradições culturais, as saudações feitas a estas entidades são:

Laroiê, Exu. Exu é Mojubá.

Entende-se "Laroiê" (alguns apresentam a grafia de Laroyê) como "pessoa comunicativa" e Mojubá significando uma reverência, um sinal de respeito. Logo, a expressão pode, numa tradução livre, representar: "Exu, mensageiro. Nossos respeitos a Exu!"

Mais um item relacionado ao tema merece comentário: quais são as entidades que "baixam" em uma gira de Esquerda?

Novamente a questão das diferentes práticas nos impede de sermos taxativos ou categóricos. Exus, Pombogiras e Exus-Mirins são entidades claramente ditas de Esquerda, mas dependendo da tradição da Casa, os demais espíritos podem ou não ser vistos como "de Esquerda". Há Tendas onde os Malandros e Malandras estão presentes. Outras, inclusive, Marinheiros, Baianos e Boiadeiros também aparecem na sessão. Outros terreiros, por sua vez, já possuem giras específicas e separadas para estas entidades. Como dissemos, tudo dependerá da tradição do templo.

10.5 Sua ferramenta

Será o TRIDENTE (da última estrofe) o destaque do capítulo.

Este objeto não é uma exclusividade da Umbanda. Podemos vê-lo na representação de poder de outras culturas, como, por exemplo, o cetro do deus romano Netuno ou do grego Poseidon.

Cumpre aqui registrar também que o tridente identifica a ciência da Psicologia uma vez que

> representa a vigésima terceira letra do alfabeto grego denominada "Psi". Além disso, no aspecto simbólico, o tridente carrega as forças do inconsciente que, segundo Sigmund Freud (1856-1939), representam a tríade das forças: id (inconsciente), ego (pré-consciente) e superego (consciente). Além disso, cada ponta do tridente, pode representar o tripé das correntes psicológicas, o comportamentalismo, a psicanálise e o humanismo; e, ainda as três pulsões humanas: a sexualidade, a espiritualidade e auto conservação (alimentação).[24]

---

24. Disponível em: https://www.dicionariodesimbolos.com.br/tridente/ Acesso em 26 jun. 2017.

Entre alguns dos utensílios usados para representar as entidades da Esquerda, o tridente é um deles. Inclusive, em seus pontos riscados, a arma aparece de duas maneiras: uma onde as três lanças (os "dentes") estão em um ângulo reto (representação do Exu) e outra onde elas se sustentam em um semicírculo (a Pombogira).

Numa interpretação simbólica, percebemos que o tridente carrega consigo a força dos 4 elementos: a base – que sustenta as três pontas – representa a terra; e cada um dos dentes os demais elementos (água, ar e fogo), voltados para cima.

Outra concepção representativa do tridente é o equilíbrio das polaridades. Cada um dos seus dentes congrega uma carga vibratória: uma positiva, a do centro é neutra e a outra é o polo negativo.

Tais associações reiteram o papel das entidades da Esquerda como sendo aquelas que auxiliam o homem na busca do equilíbrio da vida.

Laroiê, Exu. Exu é Mojubá!

Conclusão

"Eu fecho a nossa gira, com Deus e Nossa Senhora. Eu fecho a nossa gira, Sambolê[25], pemba de Angola".

Com o mesmo entusiasmo que uma irmandade de Umbanda encerra os seus trabalhos, cantando a alegria de uma gira, também encerro esta pequena colaboração sobre os temas atinentes à religião.

Longe da pretensão de ser um livro de doutrinação ou exposição de regras, os capítulos buscaram transmitir a emoção devocional de um umbandista que ao longo dos anos, além da dedicação aos trabalhos mediúnicos, vem estudando (pela curiosidade inerente a um pesquisador) as diferentes formas de práticas da Umbanda.

---

25. Dependendo da tradição cultural do terreiro, o termo "samborê" apresenta algumas variações (sambolê, samburá, sandorê). Mas o seu significado é um só e advém das práticas de Omolocô (linha da religião mais influenciada pelas matrizes africanas) e quer dizer: "sambar, pular com alegria". Usada em pontos cantados como o que nos referimos aqui, representa a alegria do trabalho feito, onde a sacralidade da pemba (como elemento magístico puro) da nação de Angola também é homenageada no cântico de exaltação.

Vivemos um mundo complexo e carregado de dualismos e antagonismos. Se por um lado, a liberdade individual é mote, por outro, vemos crescerem os conflitos e com eles, a intolerância. E nada mais adequado para o combate a tais tensões do que a divulgação séria e cuidada das vivências de um segmento social, seja ele religioso, étnico, cultural, etc.

Este é o motivo basilar de "A Umbanda bem explicada". Pudemos durante cada página apresentar alguns dos fundamentos da religião, em um diálogo o mais amplo possível com as diferentes práticas de terreiros. Fiz questão, mais de uma vez, de afirmar que muitas atividades e rituais religiosos podem variar de acordo com as tradições culturais de cada Tenda.

Outro objetivo aqui traçado foi o de unir as diferentes expressões da comunicação (como o poema e o texto argumentativo) como uma forma de tornar agradável a abordagem dos assuntos e conjugar sentimentos a conhecimento.

A escolha de cada capítulo teve como motivação, em primeiro lugar, a experiência pessoal do autor. Quer dizer, a partir da sua atuação como parte integrante de um corpo mediúnico em um terreiro, suas vivências, lembranças e emoções como sensitivo.

Selecionadas essas referências, o próximo passo foi o de estabelecer os alicerces do texto, os elementos necessários para elucidar algumas dúvidas e mostrar a riqueza da religião.

Por força da nossa formação acadêmica, não fugiríamos do exercício da sensibilidade ao usar a voz do "eu lírico" como primeira referência para cada tópico da segunda parte do livro. A tarefa enveredava na conjunção entre as questões teóricas (a preocupação

Conclusão

com a métrica, com as rimas, etc.) e as explicações sobre cada aspecto dos fundamentos que conformam a religião.

Sabemos que muito ainda havia (e há) o que dizer e explorar. Não teria a empáfia de acreditar que o assunto seria esgotado, afinal, a Umbanda é imensa para caber em algumas páginas. Também é de nosso conhecimento que diversos Terreiros e Casas umbandistas realizam suas práticas de forma diferente e concebem as estruturas da religião de modo distinto do que aqui comentamos.

É justamente esta multiplicidade de formas e riqueza cultural que nos emociona em nossa sagrada religião. Uma religião que abraça a todos de acordo com as suas especificidades, com as suas bagagens e atendendo, na medida do possível, às expectativas de cada um, respeitando de forma macro os fundamentos e preceitos religiosos orientados pelo plano superior.

Que nossos amados Pais e Mães Orixás e que todas as entidades de luz que "baixam" nos terreiros de todo o nosso país (e também em outros rincões do planeta) continuem a nos abençoar para que fiéis ao lema do Hino que ouvimos em muitas giras possamos seguir "levando ao mundo inteiro a bandeira de Oxalá".

Saravá, irmãos

Referências

BARBOSA JÚNIOR, ADEMIR. *Búzios: a linguagem dos Orixás*. São Paulo: Anúbis, 2016.

CARNEIRO, João Luiz. *Os Orixás nas Umbandas*. São Paulo: Fonte Editorial, 2017.

CUMINO, Alexandre. *História da Umbanda: uma religião brasileira*. São Paulo: Madras, 2015.

LINARES, R. A. *et all*. *Iniciação à Umbanda*. São Paulo: Madras, 2017.

PRESTES, Míriam. *Umbanda: crença, saber e prática*. Rio de Janeiro: Pallas, 2010.

RIVAS NETO, Francisco. *Escolas das religiões afro-brasileiras: tradição oral e diversidade*. São Paulo: Arché, 2013.

SANTANA JUNIOR, Silvio de. *A gira dos pretos velhos: semiologia e Umbanda*. São Paulo: Arte & Ciência, 2001.

SOARES FILHO, Daniel. *Aruanda: a morada dos Orixás*. São Paulo: Anúbis, 2017.

TRINDADE, Diamantino Fernandes. *Manual do médium de Umbanda*. São Paulo: Suprema Cultura, 2009.

Distribuição exclusiva